普天之下・盡是好書

普天出版家族
Popular Press Family

凌雲文創
A-Plus Creative Company

文蔚然 編著

處理好心情，才能處理好事情

優秀的人，不會讓情緒控制自己

作家喬治・桑曾說：「**瞋怒的心情，經常會使小過變成大禍，讓自己從有理變成無理。**」

確實如此，心情好壞往往決定事情成敗，無論面對任何事情，必須切記先將自己的心情處理妥當以後，再來處理事情，千萬別讓心情影響自己所做的任何判斷或決定，才不會造成事後懊悔不已。

出版序

心態改變，人生也會跟著改變

當打從心升起想要改革變新的想望，擁有徹底執行變革的決心，我們才有可能為自己的未來增添一點正面的改變。

碰上了倒楣的事情或不如意的際遇接連不斷，人常常會感到氣餒沮喪，同時心裡也會浮現正面與負面的想法。

正面的想法是認眞思索如何改變自己眼前的生活，爲自己找到新的出口，至於負面的想法則是找出各種藉口，怪社會，怪環境，最後怪罪周遭的人，內心充滿負面、消極的情緒。

很遺憾的，大多數陷在困境裡的人選擇了後者。

很多時候，人並不是不知道自己應該做什麼、應該怎麼做，而是打從心裡不想去做，於是，開始編織藉口自欺欺人。

有些人經常在抱怨。抱怨別人不體諒他，抱怨自己不得志，抱怨這個世界不公平，抱怨人生不順遂。

然而，這樣一味怨天尤人的人，眞的不知道要如何去改變自己的現況嗎？不，他們比誰都清楚，但就是不肯面對現實。

一個學小提琴的年輕人，因爲抑鬱不得志，只好站在街頭演奏，期望路過的人欣賞他，而後在他的琴盒裡投入零錢。雖然他不以乞丐自居，但事實上他的行徑也和乞丐差不多了。

有一天，他在一家高級餐廳不遠處的路口，拉起了他的小提琴。過路的行人來來往往，但總是匆匆擦身的多，停駐聆聽的少，更不用說肯從口袋裡掏出錢來資助的人了，他的收入幾近於零。

他閉著眼睛拉著琴，想起自己的遭遇，忍不住悲從中來，熱淚盈眶。奏完一曲，他張開眼，發現前方站了一位年紀頗大的長者。

那個老人說：「年輕人，你的演奏很動人，你有這樣的天賦，不應該在這裡乞討度日。」

他覺得這個老人看起來很眼熟，立刻想起自己曾經在報紙上看過這個人的面容。他就是石油大王洛克菲勒，全美國最富有的幾個人之一。

年輕人忍不住張口結舌地說：「您是……洛克菲勒先生？」

老人笑著說：「你好，我是洛克菲勒，一個靠搬運油桶爲生的老頭。」說完，從口袋裡掏出一張紙鈔交給他。

紙鈔中夾雜了一枚硬幣，隨著老人掏錢的動作掉了出來，一路滾到了水溝旁才停了下來。

年輕人看了看硬幣一眼，本想撲過去撿，但又覺得這樣的舉動好像太失禮也太沒有面子，於是便假裝不在意的樣子。

沒想到，他沒有行動，反倒是洛克菲勒先動了。只見洛克菲勒慢條斯理地走過去將硬幣撿了起來，而後還謹慎地將硬幣上的土灰擦去。

看到洛克菲勒的舉動，他驚異極了，一時間脫口而出：「洛克菲勒先生，要是我像你那麼有錢的話，大概就不會在乎那一毛錢了。」

洛克菲勒將手上的硬幣放回口袋裡，而後丟了一句：「也許，這就是你現在會靠乞討爲生的原因吧。」便轉身離開了。

他楞了好一會，猛然醒覺時，洛克菲勒已經走進一大段路了。他連忙追上前去，氣喘吁吁地請洛克菲勒停步。

他說：「洛克菲勒先生，我想請求您，請讓我用這張紙鈔跟您交換剛才那枚硬幣，好嗎？」那張自從洛克菲勒給他以後，一直被他緊緊握在手中的紙鈔，有一點發縐了。

洛克菲勒深深地看了他一眼，而後同意了這項交換，離去前還拍了拍他的肩。而他，看著那枚硬幣在星夜下閃著光芒，終於下定了一個決心。

幾年後，洛克菲勒受邀參加一場音樂演奏會，演奏會結束之後，樂團裡的小提琴手來到他面前。

小提琴手對他說：「洛克菲勒先生，請問您還記得這枚硬幣嗎？」說完，小心翼翼地從胸前的口袋裡，取出一枚擦拭得晶亮的硬幣。

洛克菲勒見狀，開心大笑著說：「我當然記得，那可是我花出去最有價值的一枚硬幣呢！」

遭遇失敗、挫折、痛苦的時候，與其怪罪環境，不如調整自己的心境。

生命是由一長串喜悅與悲傷、幸運與不幸、希望與失望交織而的，想要心想事成，首先就必須試著改變面對環境的心情。

古往今來，絕大多數名人賢士都是苦過來的，他們的經驗和現在的我們又有多大的差別？他們告訴我們怎麼做就可以超脫困境，怎麼說就可以擺脫困苦；他們提供了許許多多的生活態度與方法。這些態度與方法，我們眞的不知道嗎？那麼，爲什麼不願意做？

說穿了，答案就是現實的困境讓我們苦，但要執行那些態度與方法讓我們更痛苦。我們吃不了苦，只好得過且過。

這樣的我們沒有權利抱怨，因爲這景況是自己的選擇。

人生過程當中的順境或逆境，其實都是心境造成的。貝多芬曾經寫道：「在困厄顛沛的困境中，能堅定不移，甚至還感謝這個困境，這就是一個人真正令人欽佩的不凡之處。」

只會自怨自艾的人沒有未來，我們必須強迫自己改變！當打從心升起想要改革變新的想望，擁有徹底執行變革的決心，我們才有可能爲自己的未來增添一點正面的改變。

PART—1 用自信激發全新的自己

一旦能夠將那種不如人的感覺加以排除，就能夠放手去發揮本有的技巧或學識，為自己爭取更多的優勢。

PART—2

痛苦，是因為不滿足

生活中的快樂不是建立在物質的基礎上的。所以千萬記住，別讓你的慾望成為流浪漢的帽子了。

PART—3

先處理心情，再處理事情

一個健全的社會人，該是一個能夠處理自我情緒的人。我們想要培育更多健全的社會人，便應該從當個健全的父母開始做起。

PART—4

放鬆心情，才能激發潛能

越是在意執著，越容易把事情搞砸。這時候，若能夠緩下心情、按部就班，反而能讓事情如期順利完成。

PART—5

遇上困境，不妨換個角度省思

跳出問題的框框，以客觀的角度去琢磨不同的情境，我們就能重新面對過往以為的絕境，並找到新的出路。

PART—6

充滿信念，就能渡過難關

每個人都難免遭遇困頓的環境，也許我們無法改變環境，但至少改變自己的心情。只要心中仍有信念，人生總有可祈求的希望存在。

PART—7

放下懊悔，才有成功機會

現下要把握的還很多，我們該做的便是放下懊悔的心情，正面迎向未來，認真省思、修正自己的弱點，讓自己更積極地邁步向前。

PART—8

別讓內心慾望主導人生方向

只要每分每秒都能執著認真，不讓內心的慾望主導人生的方向，任何片刻都將能寫下一份永恆且卓越的人生成績單。

PART—9

機會是否存在，取決於心態

別再用心情處理事情，不要忽略了生活中的每一個細節，學學堅持與不放棄，認真地檢查你的態度吧！

PART—10

把握當下，才能創造未來

無論昨日成功或失敗，並無法預測你明天是成功還是失敗，因為生活只有當下，人生也只有現在和未來。

PART 1.

用自信激發全新的自己

一旦能夠將那種不如人的感覺加以排除，
就能夠放手去發揮本有的技巧或學識，
為自己爭取更多的優勢。

自己決定的生活，就是好的生活

如果我們不能適時把積極的靈魂展現出來，便不會知道真正適合我們的是什麼，心中真正想要的又是什麼。

大多數人孜孜不倦地努力工作，是想從中得到讓自己幸福、滿足的感覺，可是，當我們有了穩定的工作與平穩的生活之後，往往驚訝地發現自己過得不快樂，心中充滿著改變現狀的渴望。

爲什麼會這樣呢？這樣不快樂的生活眞的不能更改嗎？

事實上，你的人生軌跡並非得如此朝陰霾的方向發展，只要換個心情思考自己要的到底是什麼，你一定可以幫自己下定決心。

文學家拉爾夫．愛默生認爲：「世界上唯一有價值的東西是積極的靈魂，每個人都享有擁有這靈魂的權利，每個人都將這靈魂隱藏在自身之中。」

如果我們不能適時把積極的靈魂展現出來，便不會知道眞正適合我們的是什麼，心中眞正想要的又是什麼。

雷諾茲本來在美國杜爾沙市的一家大石油公司擔任財務助理，工作遠景可期，既穩定又有高額的收入。他有一個家庭，賢慧的太太、三個活潑的小孩，閒暇時，他還喜歡畫畫。他的畫頗有水準，不只裝飾在辦公室的牆上，甚至有人願意花錢來買。

由此看來，雷諾茲的生活可說是人人稱羨了。可是，雷諾茲卻始終覺得自己的生活有一點小缺憾，因爲他想要有更多的時間作畫。

目前的工作環境雖然很優渥，自己在公事上也處理得得心應手，但是如果能夠有更多的時間拿著畫筆在畫布上盡情揮灑，雷諾茲才能眞正感到心滿意足。

在雷諾茲的心裡有個想法，他希望能夠搬到新墨西哥州的陶歐斯城去，專心當一個全職畫家，在那個藝術家的天堂裡，徹底享受藝術的浸潤。但是，這個決定非常冒險，意味著他必須放棄現有穩定的生活，移居到新的市鎮，也意味著他的家人將因此受到影響。

他找機會試探性地對妻子提起這個決定，想聽聽妻子的看法與意見，想不到，她聽了，立刻歡欣鼓舞地說：「太好了，如果我們賣掉這裡和家具，就可以在陶歐斯開一家畫具店，還可以兼賣畫框。平時我來看顧店面，這樣你就能夠盡情作畫了。我相信只要我們全家同心，一定可以成功。」

在妻子的鼓勵下，雷諾茲眞的辭去了工作，舉家搬遷到陶歐斯。剛開始，日子確實難過了一點，但是雷諾茲的家人並不因此而潑雷諾茲冷水，反而盡力去分擔種種的事務，讓他可以無後顧之憂。

雷諾茲深深爲家人的付出而感動，激勵自己一定要在畫壇闖出名聲，在日以繼夜的努力之下，終於成爲美國西南部最成功的畫家之一。

現在，他是陶歐斯城畫家協會的會長，他的畫作曾在美國各地風光展覽過，在陶歐斯最熱鬧的市街上，擁有一家畫廊和畫室。

雷諾茲的抉擇，在別人看來頗有風險，但在家人的全力支持下，這個抉擇變成了通往成功之路的關鍵決定。

有一句頗有意思的話是這麼說的：「人字有兩撇，人的一生要向左走還是向右走，得靠自己來決定。」

有的時候，我們雖然過著旁人稱羨的生活，但自己心裡卻有著一種小小的遺憾。那種遺憾無以名狀，好像少了一點什麼，又好像多了一點什麼，總之就不是剛剛好的狀態。

因此，我們雖然生活如常，但卻漸漸失去衝勁與活力。

學學雷諾茲吧，找出自己眞正想要做的事情，找出自己心中眞正的夢想，然後大膽去實行。或許旁人會嘲笑你，嫌你愚蠢，但是，你至少曾經努力尋夢築夢；你可能有美夢成眞的一天，也可能體會幻滅的時刻，但無論如何，你都曾經爲自己努力過，經驗和感受將使你感到由衷的驕傲。

作家塞爾曾經說過：「除非經過你本人同意，否則沒有人可以替你決定你自己要過的人生。」

每個人的人生，都應該儘量由自己決定，當然，決定之後，所有的後果也應該由自己一肩承擔。

做決定的時候，一定要保持心情穩定，如此一來，透過自己的種種決定和經歷，我們更能看清：自己決定要過的生活，就是最棒的生活。

用自信激發全新的自己

一旦能夠將那種不如人的感覺加以排除，就能夠放手去發揮本有的技巧或學識，為自己爭取更多的優勢。

在這個不景氣、隨時都有失業危機的時代，很多人的情緒就像是浮動油價起伏不定，而且容易被消極思想誤導，動不動就陷入悲觀之中。

其實，人生最重要的課題，就在於身處困境，感到徬徨迷惑之時，能否克服自卑情緒，讓自己的心情保持平穩，充滿信心地走出逆境。

美國勵志作家馬克斯威爾．馬爾茲曾說：「使我們產生自卑情緒並影響生活的，並不是在技巧或學識上不如人的認識，而是有不如人的感覺。」

一旦能夠將那種不如人的感覺加以排除，就能夠放手去發揮本有的技巧或學識，爲自己爭取更多的優勢。

海曼自從丟了工作以後，活得非常落魄。

一個鐘頭以前，他從銀行裡把存款全領出來，共是一百六十七美元三十美分，這已是他所有的全部財產了。要是把這筆錢花光以前還沒能找到工作，就得喝西北風了。

想到這裡，他不禁覺得頭痛，低著頭苦思接下來該怎麼辦。他也知道得盡快找到一份餬口的工作，但是現在時機那麼壞，上哪找好工作去呢？上個星期，他向朋友請託安插個職位，結果對方很快地就拒絕了，讓他在心裡感慨不已。當眞是人一倒楣，連狗都懶得理會。

沮喪的海曼，低著頭走著走著，突然看見路旁有個錢包。他左顧右盼了一下，整條路前前後後只有他一個人，撿起錢包一看，裡頭裝滿了面額一百元和兩百元的鈔票，數一數竟有一萬美元！

錢包裡除了錢空無一物，沒有任何失主的線索。腦海裡的第一個念頭是趕快把錢送到警察局，但是轉念一想，要是這筆錢能歸自己所有，那麼他就可以經營一點小生意，衣食無缺了。

於是，他開始說服自己：什麼樣的人會把這麼大一筆錢丟在路旁？連這麼大筆錢都不知道要好好保管，這樣的人活該丟了這筆錢，好好得個教訓！

就這樣，海曼將錢包放進自己的口袋裡，然後頭也不回地走了。

海曼決定要好好地來用這筆錢。他首先走進服裝店裡，換了一身氣派的行頭，花費了一百三十八美元，接下來他想好好填飽空了許久的胃。

錢包裡的一萬美元加上他原本領出的錢，讓他走起路來顯得虎虎生風、信心滿滿。他走進以前當銷售主任時常去的一家餐廳，一進門就看見之前狠心拒絕幫助他的朋友。

海曼故作姿態地走向對方的桌前，禮貌地打了聲招呼，然後挑了個靠窗的座位點上一整桌好菜。

午餐才剛上不久，那位朋友就忍不住好奇地走了過來，神情熱切地和海曼攀談：「海曼，看來你最近混得不錯嘛！」

海曼大方地請朋友喝一杯酒，態度不冷不熱地說：「還過得去，在外地忙和了一陣，累了，想休息一陣，就想回來這裡看看。一面放個假，一面看看有沒有什麼生意可做。」

他的態度，看起來就像一位精明幹練的生意人。

朋友討好地問：「對了，你之前不是託我找過工作嗎？不瞞你說，最近我公司需要一位經驗豐富的業務人才來當銷售經理，怎麼樣？你有沒有興趣？」

海曼故意不置可否，以退爲進。

半個小時之後，他的口袋裡多了一份聘僱合約，週薪八百五十美元，從明天就正式上班。但是，海曼還是不動聲色地把午餐吃完，花了三十美元買單，找零全部都算小費。

而後，他以最快的速度來到警察局，將口袋裡的錢包和一萬美元交給負責失物招領的警察。

海曼的行動獲得了相當大的好評，因爲這麼大一筆數字的現金，能夠「拾金不昧」，確實令人佩服。

沒過多久，另一名警員走了過來，聽到海曼的義行，忍不住開口說：「還好你沒花這筆錢，因爲這筆錢是要用來付贖金的，裡面每一張錢都做了記號，只要你一用，就會立刻被逮捕。不過，現在不用擔心了，由於你的善行，已經爲你排除了共謀的嫌疑。」

有一句俗話說：「有錢不一定行，但沒有錢是萬萬不行。」看來海曼已經深悉其中的道理。他憑著口袋裡的萬元鈔票，幫自己建立了足夠的信心，即使他花光了所有的金錢，卻也爲他保障了穩定的未來。

有時候，人缺少的就是那一點信心，只要有了信心當作墊腳石，人看得見的遠景也更多更美好了。

人生總是充滿了高潮與低潮，要如何克服這些人生低潮，無疑是活在M型社會的現代人必修的課程。

遇到困境，千萬不要心灰意冷，首先應該要求自己保持平常心，拿出紙筆，從各個層面分析困境形成的原因，然後寫下可能的解決方法，如此才能幫自己重建信心，引導自己走向快樂而寬闊的人生。

一個人的成就永遠跟他身處逆境時，所展現的自信成正比。

無論置身什麼環境，遭遇什麼困境，只要願意試著調整自己面對的心情，這些眼前的瓶頸都會成爲通往成功、幸福的途徑。

充滿自信，就能改寫生命

每個人都有缺點，要做的不是對自己的缺點視而不見，而是要想辦法讓缺點找到合適的出口，讓它們變身成對自己有利的優勢。

美國西部歌手金·奧特雷剛出道的時候，一直想改掉德州的鄉音，故意穿得像都會紳士，唱流行歌曲，結果卻遭到觀眾的嘲笑。

經過這次挫折，他徹底改變，開始用德州腔唱自己最拿手的西部歌曲，終於開創輝煌的演藝生涯，成爲世界知名的西部歌星。

這則軼事說明了，每個人都有有別於他人的特色，當我們看重這個特色，特色就成了優點；當我們厭惡這個特色，特色就變成了缺點。

一個人如果討厭自己，就會讓自己變得討人厭；一個人如果不覺得自己值得愛，就很難會有人愛。

莎士比亞曾經在著作中說過一段饒富深意的話：「假使我們將自己比做泥土，那就真要成為別人踐踏的東西。」

確實，人生最重要的一件事就是肯定自己、賞識自己，因爲，你認爲自己是什麼，最後你便會成爲什麼。感到自卑的時候，只要懂得轉換心情，就會讓自己充滿信心，許多看似困難重重的事情，也會因爲你的轉變而心想事成。

凱絲．戴利從小就很自卑，她有一張寬大的嘴和微暴的牙齒，始終讓她耿耿於懷，抬不起頭來見人。

其實，在凱絲的心裡一直有個夢想，希望有一天能成爲一個出名的歌手。但是她不只沒有勇氣把這個夢想對別人提起，連自己也沒有信心能夠完成。畢竟，她只敢在沒有人的時候開口唱歌，根本不敢在大庭廣眾下演唱。

凱絲的沮喪不是沒有原由的，在每個人都得表演節目的高中畢業派對上，她曾鼓起勇氣地選擇唱歌這個項目，但結果相當悲慘，讓她從此信心全失。

那一天，她穿著母親給她的白色小禮服，撐著顫抖的雙腳走上舞台，音樂一響起就跟著開始演唱。可是，她實在太在意她的暴牙會被人看見，於是想盡辦法噘著嘴唱，結果，整首歌有好幾句都跟不上節拍，變得零零落落，音樂和她的歌聲各行其道，越緊張越忘詞的她最後完全唱不下去，只能紅著臉枯站在台上，承受衆人的哄堂大笑。

當時，她眞恨不得能挖個地洞鑽進去，只能帶著沮喪和難堪逃下台。

後來，音樂老師史密斯夫人把她找了來，誠懇地對她說：「凱絲，其實妳的嗓子很好，應該可以唱得更好的，可是妳唱歌的時候總像是在掩飾著什麼，感覺扭扭捏捏，很放不開的樣子。」

凱絲猶豫了好一陣子，才羞紅了臉，把自己對於牙齒的想法向史密斯夫人說了出來。

史密斯夫人聽了，對她說：「這有什麼關係呢？暴牙並不是什麼罪過，它也是妳身體的一部分，爲什麼要拚命掩飾？如果連妳自己都不喜歡自己，別人又如何喜歡妳？如果妳敢大聲開口唱歌，妳的歌聲一定會受許多人喜歡的，說不定妳這口牙齒還能給妳帶來好運氣！」

凱絲想了幾天，終於決定接受音樂老師的建議，先不去想自己的牙齒，只專注於唱歌這件事，漸漸地，她能眞正盡情開懷歌唱。

凱絲的不斷努力，讓她得以開始歌唱事業，並且成爲一位頂尖的歌手，她的大嘴和暴牙則成了她的個人特色，還有不少人想模仿她呢。

人必須對自己充滿信心，英國十九世紀知名的評論家湯瑪斯．卡萊爾曾經十分嚴厲地批判說：「相信自己正確的人，會強過國王的萬軍；懷疑自己的正確性之人，連一點力氣也沒有。」

我們爲什麼要成爲一個扯自己後腿的人？批評我們的人已經夠多了，爲什麼還不肯給自己一點鼓勵、一點機會？

故事中的凱絲如果不是自己想通，必然沒有機會成爲夢想中的歌手，也沒有機會讓她富有特色的歌喉成功展現在大衆面前，因爲她連開口唱歌都不敢，別人又怎麼可能聽得到？

每個人都有缺點，要做的不是對自己的缺點視而不見，也不是任由缺點打擊我們的未來，而是要想辦法讓我們的缺點找到合適的出口，讓它們變身成對自己有利的優勢。

有自信就能創造奇蹟，爲什麼？答案很簡單，正是歌德所說：「有自信，別人也就相信你。」

想要得到成功，就必須相信自己絕對能夠成功。

做好口碑，為自己創造機會

這是一個「做口碑」的時代，沒有人能夠容忍馬虎輕率，也不會有人給你太多次機會。一次不成、不好，就可能沒有下一次了。

工作沒有貴賤，差別在於人本身看待工作的態度。再微不足道、再低下的工作，都必須用敬業的態度去做。

每一份工作完成後，都有人在看，都有人在檢核，都有人知道你是不是踏踏實實地把任務完成。只有做好「口碑」，你才能不斷創造機會。

演員艾丹・奎因參與過二十多部電影的演出，其中包括〈心靈的樂聲〉、〈邁克爾・柯林斯〉等片。

然而，奎因並不是一飛登天地獲得成功，事實上，他從很小的時候就已經在幫忙家計了。

十一歲時，他開始接替哥哥原本的工作，早起幫忙送報紙。

這份工作看來簡單，其實做起來並不輕鬆。每天天未亮就得起床，騎著自行車到報社拿報，而後依著自己負責的路線，沿路送報到每一戶訂報的人家。

準時是非常重要的，奎因深深明瞭這一點，報紙的訂戶會希望在清晨六點時，報紙就好好地躺在家門口。奎因發現，如果他晚到了，他們就會站在門口等，臉上露出不耐煩的神情；相對的，如果他工作做得好，就可以得到一筆可觀的小費。

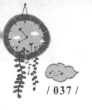

這段工作經歷，讓他養成了一個習慣，就是無論做什麼樣的工作，都會全心全力地投入其中，盡可能地達到每一項工作要求。不管是在食品工廠幫忙包裝，還是幫忙刷油漆，抑或是在屋頂上塗防水用的瀝青，他都一樣認真盡力地去做。

他深切地相信，只要努力工作，盡力讓自己表現出職業水準，就能從那份工作裡獲得更多。

後來，他更將這份認知，應用在他的演藝工作之中。

他的工作是扮演各種角色，而他的目標則是演什麼一定要像什麼，只要做得到、做得好，就能因此再得到更多更好的角色演出機會。假使有一個場景需要他跳水，在導演要求之前，他一定會練習跳好幾次，直到自己能夠確定演好爲止。如果導演覺得表現得不夠好，他也會一再配合、一再修正自己的演出，只到導演喊「OK」。

奎因的敬業精神是有目共睹的，他曾和劇組一起到巴西的叢林裡拍電影，一路上他都和其他的演員一起幫忙工作人員搬運沉重的拍攝器材上山，穿過崎嶇的山區，沒有一句怨言。

在奎因的信念裡，演戲和其他的工作並沒有什麼不同，當一個好的送報童需要做到認眞、守時、盡心盡力等要求，這些訣竅對拍電影來說一樣有用。

這是一個「做口碑」的時代，沒有人能夠容忍馬虎輕率，也不會有人給你太多次機會。一次不成、不好，就可能沒有下一次了。

即使是一張蔥油餅、一盤紅豆冰、一碗蚵仔麵線，甚或是一支手機、一台電視、一本書，只要給人的觀感不好，覺得草率輕忽，日後勢必不會再來光顧。

不只是如此，產品的每一個環節，工作的每一道關卡，之後都會有人接手，都會有人知道你是不是確實完成應做到的部分。簡單地說，只要有一個人態度隨便，就是給所有的人惹麻煩。

奎因之所以受人敬重，正是在於他敬業的態度。這樣的態度，意謂著他將工作視為很重要的一部分，他對他的使命極度重視。這樣的人必定會把交付的任務順利完成，而且做得完美。

這就是專業，這就是敬業，這就是盡責。這樣的人在告訴別人，他值得被信任，任務交給他就沒問題。一個人竭盡全力地完成自己的工作，就等於是為自己的下一步舖路。

藉由分擔來紓解心上的負擔

為自己的人生選擇，而最好的選擇，就是藉由幫助其他的人來分擔彼此的哀傷，分享彼此的快樂。

人生旅程中，有許許多多酸甜苦辣的滋味匯聚在一起，形成了一種沉重的負荷。生命的重擔，若想一肩挑起，如何挑法，攸關我們能夠承擔多少結果。

仔細觀察載運行李的騾馬，主人往往在一側掛滿了行李貨物，另一側還要再加掛上一個大石塊，如此騾子或馬匹便能負載平衡，反而輕鬆。要是到了下個集市又採買了另一堆貨物，就可以替換掉大石塊。

非洲人習慣以竹竿挑擔，也會在竹竿的一端綁上石塊，以肩膀當支點，來平衡所需挑載的物品。

雖然這種方式很笨——爲什麼不把貨物分成兩份，硬要找石頭增加負擔，但是，這些例子說明，同樣的貨物，只放在擔子的一端和平分於兩端，挑起來的結果與感受是截然不同的。

再舉一個簡單的例子，以單手提握和將重量平均分攤於兩手，明明面對的是重量相同的物品，兩手提握的感覺總是會輕省許多。

除了實際的重量可以利用均分方式省力，精神方面的壓力也可以借用分散注意力的方式。

巴特勒女士意外失去了她的小女兒。一天晚上她的女兒飛奔到陽台上歡迎她回家，結果衝力太大，不小心衝出陽台，墜樓身亡。巴特勒女士一時間難以接受，精神幾近崩潰，過於悲痛的結果，整個生活全然走樣。

有一天，社工人員帶了一位老太太來看她。這位老太太負責主持一個慈善機構，專門協助收容流浪街頭的幼童，幫助他們找到新生活。

老太太對巴特勒女士說：「妳成天待在這裡哭也不是辦法，不如來幫幫我吧，我年紀大了，實在照顧不了四十幾個孩子。妳需要勞動來忘懷憂傷，而他們需要人照顧來遠離顛沛流離的生活，你們彼此需要。」

巴特勒女士同意了老太太的建議，從照顧流浪街童的工作中，重新找到活下去的力量。她將這些孩子當成自己的孩子來關懷，就好像關懷她那來不及長大的小女兒一樣。

她終於明白，當自己願意改變心情，自己心裡的哀傷便在無形中減輕了許多，走出陰霾的同時，更可以爲別人帶來陽光。

雖然我們總希望能擁有一個快樂又美滿的人生，但卻始終無法避免生命裡的悲傷時刻，爲失去悵然、爲不公憤怒、爲分別難過，也爲錯誤悔恨。我們無法逃避這些哀傷，但至少，我們能選擇用不同的方式去面對心底的傷痛。

英國哲學家培根曾經說：「如果你把快樂告訴一個朋友，你將得到兩個快樂；如果你把憂愁向一個朋友傾吐，你將被分掉一半憂愁。」

像故事中的巴特勒女士，她原本獨自一人傷心，每一天的生活都在提醒她失去了什麼，沒有辦法走出那些令人傷懷的情緒，只能不斷地難過哭泣。可是，收留街童的老太太卻給了她另一種選擇，她可以轉換心情，用另一種較健康的方式來排解自己的哀傷。

不再哭泣，並不代表忘懷了令人傷痛的事件，而是讓自己得以透過不同的形式來處理負面情緒。我們可以哭到眼睛氣弱，但也可以化悲憤爲力量，使更多人不再哀傷。

我們可以爲自己的人生選擇，而最好的選擇，就是藉由幫助其他的人來分擔彼此的哀傷，分享彼此的快樂。

轉換心情，才可能心想事成

唯有鍥而不捨地努力，堅持到底不放棄，設想各種解決的辦法並且一一實行、嘗試，成功的大門才會為你開啟。

順境逆境都是人生，即將遭遇什麼際遇，或許不是我們可以決定的，但是，我們絕對可以藉由改變自己的心境，讓自己心想事成。

如果你在事業、工作或生活上遇到瓶頸，那麼就必須冷靜想出解決的辦法，不要患得患失，也不要怨天尤人。

做生意也是如此，不能只懂得一套做法，遇到挫折之時還要懂得對症下藥，才能賺取更多利潤。

哈威．麥凱開了一家信封製作公司，拓展客源與業務，是他身爲老闆刻不容緩的首要任務。想要開拓新客戶，得花費不少的功夫。

有一次，他前去拜訪新客戶，對方的採購經理一看到他就說：「麥凱先生，你不要再來了。我知道你很有名、很成功、很有錢、事業做得很牢靠，但是我們公司是絕對不可能簽你的訂單的，因爲我們老闆和另一家信封公司有二十五年的深交，你也不用再一直來拜訪我了，因爲過去三年有四十三家信封公司的老闆來找過我了。所以，麥凱先生，我建議你可以不用再浪費你的時間。」而後就委婉地請他離開。

然而，麥凱並不是省油的燈，他決定以這位經理爲目標，好好地做一番功課。很快地，他就發現這位經理有個兒子非常喜歡冰上曲棍球，最崇拜的偶像就是洛杉機最有名的退休球星。

消息靈通的麥凱有一次打聽到那位經理的兒子因爲車禍意外而住院，他的腦筋立刻啓動，透過各種關係，拿到了那名退休球星的簽名球桿。

他帶著球桿來到醫院探病，經理的兒子一臉納悶地問：「你是誰？」

麥凱說：「我是麥凱，我幫你帶了禮物來。」

經理的兒子又問：「爲什麼送我禮物？」

麥凱說：「因爲我知道你喜歡曲棍球，還知道你最喜歡這個球員，你看，這是他親筆簽名的曲棍球桿。」

看到自己夢寐以求的東西，經理的兒子顧不得麥凱的來意，興奮得就想下床來看個究竟。麥凱連忙遞上球桿，小男孩果然愛不釋手。

那名經理下班來看兒子，發現兒子精神極好，和之前幾天的委靡模樣完全不同，又看到兒子在手上把玩的曲棍球桿，便問是怎麼回事。兒子聳聳肩，只說是麥凱送他的。

下一次麥凱前去那家公司拜訪，沒有再被立刻趕出來，經過幾番努力，他終於成功簽得那家公司一筆四百萬美金的訂單。

如果麥凱在第一次拜訪受挫之後就放棄再一次嘗試，絕對不可能得到高達四百萬美金的訂單。

麥凱的成功在於他並不以失敗爲意，不因爲別人的拒絕而產生沮喪的感覺，反而利用每一次失敗的過程，累積更多觀察與了解，進而把握住每一種可能的機會，設想出解決因應的辦法，最後如願地達成自己的目標。

日本有名的實業家松下幸之助曾經如此說過：「如果抱有『真的好想爬到二樓』的熱忱，也許會想到梯子。但是，只是覺得『想上去看看』而已，就不會想到。如果有『無論如何就是想爬上去，唯一目的就是到二樓』這種程度的熱忱，應該已經去搬梯子了吧。」

一個成功者，絕對不是只靠想就能成功的。

唯有鍥而不捨地努力，堅持到底不放棄，設想各種解決的辦法並且一一實行、嘗試，成功的大門才會爲你開啓。

多一點思量，消費更妥當

一方大肆購物，一方樂得清空訂單，但是這些美麗的假象破滅之後，買方付不出錢來，店家也取不回貨物，糾紛必定產生。

人之所以會迷失、盲目，往往是因爲冀求過多自己並不需的東西，把取得這些身外之物當成生活的重心。

有一分能力做一分事，有一分能力得一分享受，如此量力而爲、量入爲出，就不會讓人生陷入虧損累累的狀態。

只有踏實地過活，才能無愧於心，也才不會讓自己陷入無法收拾的境地，進而開創出人生的坦途。

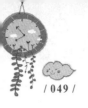

新聞記者畢維斯小時候，他的媽媽就教會了他一個道理——一個人要懂得量力而爲，特別當事關金錢，更要理得清清楚楚才行。

凡事若不明不白、曖昧不清，很容易會造成錯誤的判斷，也很容易在不知不覺的情況下惹來麻煩。

有一次，他在街上的鐘錶店裡看中了一支手錶，價錢雖然不高，只需一美元，但是當時年紀小小的畢維斯，身上連一毛錢也沒有，怎麼可能買錶呢？可是，他實在愛極了那支錶，於是向店家老闆請求，可不可以先讓他把錶拿走，以後再一點一點地把錢還清。

店家老闆是認得畢維斯的，實在拗不過他的一再懇求，便答應了他。

第二天店家老闆特地向畢維斯的媽媽提起了這件事，畢維斯的媽媽立刻表示不該讓孩子在年紀這麼小的時候就有了賒欠的前例，於是立刻替畢維斯把手錶的錢付清了。

回到家以後，媽媽把畢維斯叫到跟前來，說道：「把錶拿出來，媽媽有話對你說。」畢維斯只好扭扭捏捏地從口袋裡把錶拿出來，交給媽媽。

媽媽說：「你是很誠實的孩子，媽媽相信你有錢一定會還給店老闆。但是，你有沒有想過，你要到哪裡去賺這一美元呢？你沒有錢的話，不就要一輩子虧欠老闆嗎？那你能夠安心擁有這支錶嗎？關於錢的問題一定要小心謹慎，要是出了錯，可是會吃大虧的。」

畢維斯表示知道自己做錯了，媽媽接著對他說，這支錶現在還不屬於他，應該由她先替他保管，直到他有能力賺了足夠的錢，才能把錶拿走。

為了能早一日拿到心愛的手錶，畢維斯決定靠自己的力量去掙錢、存錢。後來，只要有鄰居需要人手幫忙，畢維斯便會主動要求幫忙，一點一點賺取零用錢，不久之後總算順利拿到他期待以久的手錶。

俄國文豪杜思妥也夫斯基曾經大聲疾呼：「要正直地生活，別想入非非！要誠實地工作，才能前程遠大。」

故事中畢維斯的母親所堅持的，正是同樣的道理。

在簽帳卡、信用卡發行已久的今日，「卡奴」紛紛出現。事實上，簽帳制度並不是到今日才有的，在以前，只要是與商家熟識的大客戶，多半是能夠先取貨再付款，這種生意互動方式，取決於買賣雙方的信任。店家深信買家付得起也必定會付，便會同意讓買家先簽帳日後再一併付款；買家因爲省去攜帶大量現金的不便，因此也願意進行更多愉快的消費，最後皆大歡喜。

然而，不論買家或店家，如果有一方失去了自制，那麼，雙方的信任就會被徹底消費殆盡。一方大肆購物，一方樂得清空訂單，但是這些美麗的假象破滅之後，買方付不出錢來，店家也取不回貨物，糾紛必定產生。

重新檢視許多「卡奴」的困境，不也就是如此？

在衝動消費之前，請多想想杜思妥也夫斯基的話，多一點思量和考量，不要讓自己陷入絕望的困境。

檢討別人之前，先檢討自己

只要懂得認錯，就有重新改正的機會。最怕的是，光看別人犯了什麼錯，嘲笑別人的無恥與笨拙，卻不知自己的嘴臉也同樣骯髒。

無可諱言的，每個人都會犯錯。

雖然過錯本身有程度上的差異，但是，犯錯的行爲卻沒有太大的差異，都是不應爲而爲。

有些錯，看似小錯，好像沒什麼大不了，但許許多多的小錯，可能會累積成不可挽回的大錯；有些錯誤甚至變成其他錯誤的引線，連鎖引爆的結果，導致不可收拾的結局。

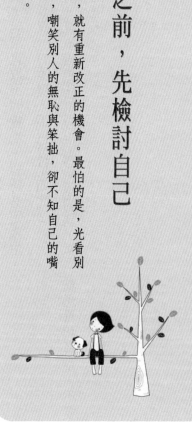

商人耶萊米夏斯．巴布金發現自己的住處遭了小偷，他的一件浣熊皮精緻大衣不翼而飛了。他找來管理員理論，沒有結果，最後乾脆打電話報警，把整棟樓都鬧得沸沸揚揚。

巴布金大吼：「我真是氣死了，你們知道那件皮大衣有多漂亮珍貴嗎？要是讓我抓到那個小偷，我絕不放過他。」

警察很快就來了，身旁還牽著一條警犬。這條大狗渾身棕毛，鼻子尖尖的，看起來讓人不禁有點害怕。很快地，那條狗鼻頭在空中嗅了一會兒以後，立刻撲向其中一名房客。

被狗撲倒的老太太哭叫著：「好啦！好啦！我招了，我私釀了五桶烈酒，連同蒸餾器一起藏在地下室。我認罪了！我認罪了！」

所有的房客都面面相覷，誰也想不到，老太太平常和和氣氣，竟然會幹出非法的事來。

警察怒斥：「那皮大衣呢？巴布金先生的皮大衣是不是妳拿的？」

老太太啜泣地說：「什麼皮大衣啊？我根本不知道也沒看過，我就藏了五桶酒而已。警察大人，您饒了我吧，快把這隻狗帶開！」

老太太很快就被銬住，準備被帶回警局訊問。想不到，接下來，棕色大狗又朝空中嗅了嗅，飛撲到管理員身上。

管理員的神情看起來非常驚恐，連忙求饒：「警察先生，你把我帶走吧，這些年來，我每個月都超收每位房客的水費。」

聽到管理員的自白，現場所有的房客都立刻鼓譟起來，紛紛要管理員把超收的費用如數吐出來。只見被大狗壓在地上的管理員可憐兮兮地說自己早已經把那些錢都花光了。

管理員也被銬住，巴布金似乎有些不安起來，打哈哈地對警察說：「算了，我不想找那件皮大衣了，你快把那隻狗帶走吧。」

警察冷笑地望著他，果不其然，那隻棕狗已經將目標轉向了他。在大狗還沒撲過來之前，巴布金就嚇得跪地哭喊：「是我的錯！是我的錯！那件大衣是我弟弟的，因爲我自己想要把大衣據爲己有，才會假裝遭了小偷……」

一切眞相大白，根本沒有大衣失竊事件，全都是巴布金自導自演。

即使巴布金已被警察銬住，事情卻還沒結束。在棕色大狗的威嚴下，所有犯過錯的人都無所遁形，全都準備上警局。

最後，只剩下警察和警犬。

只見那條狗倏地撲到警察身上，嚇得警察連忙大喊：「是的，我的好兄弟，是我對不起你，你咬我吧，因爲每個月三塊金幣的狗食費，有兩塊金幣都到我的口袋裡去了。」

那條狗也許只是一時玩興大起，不料所有的人竟立刻開始自陳罪狀。或許應該這麼說，並不是那條警犬具有驚人的偵探力，而是每個人做賊心虛，面對不了自己的良心。

《聖經》裡曾有過一則故事，一名婦女因爲姦淫罪名被抓住，但是耶穌說，誰自認自己從未犯過錯事，誰才有權力拿石頭打她。一時之間，竟沒有人敢把手上的石頭扔出。

德國哲學家歌德這麼說：「錯誤與真理的關係，就像睡夢與清醒的關係一樣。一個人從錯誤中醒來，就會以新的力量走向真理。」

犯錯不是無可挽救的，只要懂得認錯，就有重新改正的機會。

最怕的是，每個人光看別人犯了什麼錯，嘲笑別人的無恥與笨拙，卻不知自己的嘴臉也同樣骯髒。

有一句廣告詞說得極好，「刮鬍子的時候要看著鏡子，刮別人的鬍子之前，先把自己的鬍子刮乾淨。」要檢討別人之前先檢討自己，這樣或許會顯得理直氣壯一點，不是嗎？

2.
PART

痛苦，是因爲不滿足

生活中的快樂不是建立在物質的基礎上的。
所以千萬記住，
別讓你的慾望成為流浪漢的帽子了。

別用負面的心情處理事情

只要能重建面對未來的自信，自然能看見心中的陽光，不會因為一時低落的心情，做出影響人生的重大決定。

古希臘時代著名的哲學家、數學家畢達哥拉斯曾說：「做自己感情的奴隸，比做暴君的奴僕更為不幸。」

確實如此，當一個人成了感情的奴隸，就會意氣用事，做出讓自己懊悔不已的事情。無論面對多麼不愉快、多麼生氣的事情，都必須先將自己的心情處理妥當，再用理智處理事情，千萬別用負面的心情處理事情。

做人最怕的莫過於用情緒來做決定，因爲，許多簡單事情，往往會在我們滲入情緒因素之後，變得棘手複雜。如果你想擁有一個豐富的人生，那麼就千萬別讓自己的心情去決定事情。

消防隊員從火災現場救出一對孿生兄弟，他們的名字分別叫波恩和嘉林，是這次災難中幸運存活的兩個人。

他們很快被送往醫院，雖然死裡逃生，大火卻也把他們燒得面目全非，來探望的親友無不惋惜地說：「原本漂漂亮亮的兩個孩子，如今……唉！」

知道事實後，波恩整天對著醫生哭泣：「天哪！我變成這個模樣，以後怎麼出去見人？還不如死了算了！」

悲觀的波恩對生活完全失去信心，嘉林卻和他完全相反，努力地勸著波恩：「波恩，你仔細想想，這次大火只有我們得救啊！我們的生命不是更顯珍貴嗎？好好活下去吧！別胡思亂想了！」

嘉林勸波恩別胡思亂想，但波恩始終解不開心裡的結。身體康復出院後，波恩終於還是忍受不了世人的眼光，選擇結束自己的生命，離開人間，獨留嘉林一個人艱難地生存下去。

其實，嘉林並不如想像中堅強，但爲了自己，也爲生命的眞義，他咬緊牙關挺了過去：「是的，我的生命價値比誰都高！」

有一天，嘉林像往常一樣準備送貨到加州。這天下著大雨，路很滑，嘉林車子開得很慢，就在這個時候，他發現前方橋上站了一個人。

嘉林緊急煞車，下車趕到那個人的身邊，但是還沒來得及靠近，那個人便往下跳了。急於救人的嘉林想都沒想，也跟著跳下水，將那人救上岸。

被救起後，那個人哭喊著：「讓我走了吧！我不想活了……」

這個人瘋了似地大哭大叫，嘉林忍不住打了他一個巴掌，這個人才止住哭泣，默默地低下了頭。嘉林拍了拍他的肩，半強迫地扶起他走向自己車內。回到車上，嘉林慢慢地安撫這個人，也耐心傾聽著他的心聲。

原來，他是某大公司的總經理，因爲遇到了一件難解的事，一時解不開，便想尋短。嘉林聽完他的故事後，便將自己的遭遇說給他聽，最終不忘分享他的體會：「生命是這樣珍貴啊！」

總經理點了點頭，看來心中的結是解開了，他十分感激嘉林的幫助，便邀嘉林與他一同共事。幾年之後，嘉林從一個積蓄不足萬元的小司機，忽然成爲一個擁有三億元資產的運輸公司老闆，後來更用賺來的錢修整好他的臉。

作家斯特恩曾經寫道：「痛苦與歡樂就像光明與黑暗互相交替，只有知道怎樣使自己適應它們，跟它們和平共處，才懂得怎樣生活。」

每個人的生命歷程都會有幸福時光，也必定會有痛苦時刻，願意面對痛苦、放下痛苦的人，才能擁有眞正的幸福。如果老是用負面心情處理負面的事情，行爲便沒有自主權，最後只能無奈地受命運的宰割和擺佈。

不管遭遇什麼事情，都必須先處理自己的心情，再處理事情，千萬別讓心情影響自己所做的任何判斷或決定。

在面對人生最艱難的那一刻，除了再給自己一次機會，試著再跨一步看看之外，再也沒有其他的方法了，若是用負面的心情處理一切事情，只會帶給自己無窮無盡的悔恨。

就像嘉林引導那位總經理一樣，不必說太多道理，更不需要給太多安慰和指正，只需要提醒自己：「生命多麼可貴！」

這個道理很簡單，卻能發揮極大的力量，讓人冷靜下來仔細思索。只要重建面對未來的自信和耐力，自然能看見心中的陽光，也看見自己一直持有的生命活力，不會因爲一時低落的心情，做出影響一生的重大決定。

改變心境，才可能改變人生

只有改變心境，才可能改變你的人生。所以，如果你想要改變自己某些不好的習慣，就必須發自內心的想要改變。

俗話說：「江山易改，本性難移」，足見一個人想要改變自己的本性，是一件很不容易的事。不過，改變自己雖然不是那麼容易，可是卻不能以此做爲拒絕改變的藉口。

因爲，這句話的意思不只是提醒你改變的困難，另一個更重要的意義是告訴你：眞正的改變，是要從自己的內心做起，如果不從內心湧起想要改變自己的意願，那麼改變是不會成功的。

有一個人脾氣很暴躁，常常因此得罪別人而懊惱不已，一直想將這暴躁的壞脾氣改掉。後來，他決定好好修行，改變自己的脾氣，於是花了許多錢，蓋了一座廟宇，並且特地找人在廟門口，寫上「百忍寺」三個大字。

這個人爲了顯示自己修行的誠心，每天都站在廟門口，一一向前來參拜的香客說明自己改過向善的心意。香客們聽了他的說明，都十分敬佩他用心良苦，也紛紛稱讚他改變自己的決心。

這一天早上，他一如往常站在廟門口，向香客們解釋他建造百忍寺的意義，其中一位年紀大的香客因爲不認識字，而向這個修行者詢問牌匾上到底是寫些什麼。

修行者回答香客說：「牌匾上寫的三個字是百忍寺。」

香客沒聽清楚，於是再問了一次。這次，修行者的口氣開始有些不耐煩：「上面寫的是百忍寺。」

等到香客問第三次時，修行者已經按捺不住，很生氣地回答：「你是聾子啊？跟你說上面寫的是百忍寺，你難道聽不懂嗎？」

香客聽了，笑著對修行者說：「你才不過說了三遍就忍受不了，還建什麼百忍寺呢？」

很多人都知道改變的重要，也經常提醒自己放下以自我爲中心的偏執與妄想，但所謂的「改變」，最後卻和這則故事一樣，淪爲自欺欺人的口號。

器量狹小的人暴躁易怒又缺乏遠見，凡事以自我爲中心，只知拘泥於形式上的虛榮，試圖以此爭取別人的認同。

我們應該提醒自己時時保持心境的平靜，不要讓急躁易怒的習性左右自己，唯有如此，才能眞正改變自己，讓自己受益無窮。

安禪何必須山水，滅卻心頭火自涼。

生活就是心靈的修煉場，我們所做的每一件事都是修行；想要改變自己，應當從改變心境做起，而不是築造虛華的水月道場。

只有眞正想要改變心境，才可能改變你的人生。像故事中的修行者，即使花了一大筆錢建造寺廟，也只是做做表面功夫而已，並沒有改變他暴躁的脾氣。

如果你想要改變自己某些不好的習慣，就必須發自內心地改變，否則，只會淪爲自欺欺人的笑話。

若是只注重表面的妝點，那沒過多久一定會故態復萌。

發洩情緒無法解決問題

要解決問題，只有將爭吵轉化成良性的溝通，當彼此心平氣和了解問題的癥結所在之後，問題自然就可以圓滿解決。

很多人會將爭吵誤認爲是溝通的一種方式，但是，其實兩者是完全不同的：因爲，溝通是爲了更增進人與人之間的了解，至於爭吵不但只會讓人和人之間疏遠，甚至還會破壞彼此間的感情。

造成傷害，並不是溝通原本的用意。

王太太的婚姻非常幸福美滿，朋友們都很想知道她到底有什麼秘訣。

面對朋友的詢問，王太太笑著說：「其實也沒什麼，夫妻之間有爭吵是在所難免的，只要記住不要口出惡言，也不要太過情緒化就行了。」

王太太接著說，她的先生以前常常晚歸，這一點讓她很不高興，兩人曾經因爲這件事吵了很多次架，她一直誤以爲，夫妻之間的爭吵也是一種溝通的方式。沒想到，她先生不但沒有因此改變，甚至還變本加厲地晚歸；她們夫妻之間的關係，也因爲常常吵架的緣故，鬧到要離婚的地步。

後來，她發現吵架其實不等於溝通，因爲她們的爭吵到最後，竟然演變成情緒的發洩，引發爭吵的原因反而模糊了。

於是，她決定冷靜下來好好思考。

冷靜下來後，她了解到自己不喜歡先生晚歸的理由，是因爲擔心他的身體，既然如此，常常吵架對他的身體也不好啊。

想到這一點，她就決定改變方式，不再用激烈的方式表達自己的不滿，而改用溫和的態度陳述自己的意見。

她先生看到她的改變，也跟著改變了態度。王太太說：「現在，就算我們兩人有意見不同的地方，也能以理性的方式溝通，不會像以前一樣，動不動就爭吵。如此一來，夫妻之間的感情就自然會變好。」

蘇格拉底曾說：「想左右天下的人，必須先左右自己。」

聰明的人不會動輒因爲小事和別人發生爭執，也不會因爲對方表現不如己意就暗自生悶氣；他們會控制自己的情緒，輕鬆地和對方溝通。

不論是朋友、家人或是夫妻，都會有爭吵的時候，可是，爭吵只是情緒的宣洩，不但不能解決問題，反而會進一步衍生出新的問題。

要解決問題，只有將爭吵轉化成良性的溝通，當彼此心平氣和地了解問題的癥結所在之後，問題自然就可以圓滿解決了。

學會放下，活在當下

聖嚴法師曾說過一段話：「當我們面對人生難題時，必須告訴自己去接受它、面對它、處理它，然後放下它。」

作家泰迪曾經這麼說：「過去一直去，未來一直來，你能把握的只有現在這一個剎那。」

我們經常提醒自己把握現在，但卻在不自覺之中讓自己活在過去和未來，因爲「過去」和「未來」是我們不想面對現實的最佳「避風港」。

殊不知，只要學會放下過去和未來，我們就能坦然地面對不敢面對的現實，讓自己確確實實地活在當下。

你的想法，決定了你是否快樂。快樂的人並不是沒有憂愁煩惱，而是他們懂得放下，活在當下，即使遇到憂愁煩惱，仍然能保持快樂的心境。

一位精神科醫生有多年的臨床經驗，退休以後，結合畢生經驗撰寫出一本專門醫治心理疾病的書。

這本書中足足有一千多頁，對各種病情的描述和治療方法都極其詳盡，可說是一本心理疾病方面的百科全書。

一次，這位精神科醫師受邀到一所大學演講，演講會上，他拿出了這一本厚厚的著作說：「這本書有一千多頁，裡面有治療方法三千多種，藥物一千多樣，但概括而言，裡頭所有的內容其實只有四個字。」

說完，他在黑板上寫下了「如果，下次」四個字。

醫生說，造成自己精神消耗和折磨的無非是「如果」這兩個字，「如果我考不上大學」、「如果我沒有放棄她」、「如果我當年能多努力一點」……人們總是想著「如果」，所以痛苦。

醫生接著說，醫治精神疾病的方法有數千種，但最終的辦法只有一種，就是把「如果」改成「下次」。「下次我有機會再去進修」、「下次我不會放棄所愛的人」、「下次我會多努力一點」……把消極的想法變爲積極的心態，天下沒有治不好的心理病。

錢鍾書在《圍城》一書中曾提過一個十分有趣的故事。他說，天下有兩種人，一種人是在一串葡萄到手後挑最好的部分先吃，另一種人則把最好的留在最後吃。但這兩種人都不會覺得快樂，先吃好葡萄的人認爲剩下來的葡萄，每一顆都越來越差。另外一種人則認爲他現在吃的每一顆都是不好的葡萄中最壞的那一顆。

錢鍾書解釋說，因爲第一種人只有回憶，常用以前的東西來衡量現在，所以他們不快樂；第二種人剛好相反，總是用未來的東西衡量現在，所以同樣感到不快樂。

爲什麼不這樣想呢？我已經吃到了最好的葡萄，就算接下來的葡萄沒有從前好，又有什麼好後悔的？我留下的葡萄和以前相比，都是最棒的，未來只會比現在更好，爲什麼要不開心呢？

人總是用過去、未來，和現在做比較，有了「比較」的心理，人就不會有快樂。因爲眼前之物雖好，但還有更好的，人比人的結果只是氣死人。

有了「條件」的拘束，就不會有快樂。因爲這個條件實現了，還會有下一個條件，太多的條件正是我們不快樂的原因。

聖嚴法師曾說過一段話：「當我們面對人生難題時，必須告訴自己去接受它、面對它、處理它，然後放下它。」

當我們面對不敢面對的問題，通常都會幫自己找一堆藉口加以逃避，但是逃避根本無法解決問題。

如果你想眞正解決問題，就必須像聖嚴法師所說的，接受它、面對它、處理它，最後放下它，如此，才能眞正活在當下，面對自己人生的每一刻。

單純的態度讓人人都幸福

能活在世上就是一件美好的事。少一點「用心」，多一點快樂，想要有幸福的人生，只要有一顆單純的心就能做到。

在喜憨兒的臉上，我們永遠看到愉快的笑容，即使外界質疑相關機構給予他們的薪水過低，是一種剝削的惡劣行爲，但是對他們而言，身爲一個「有用」的人，就是一件快樂的事。然而，他們可能從來不知道，他們憨直的笑容也是許多人快樂的來源。

反觀那些智力正常發育的孩子們，卻缺少了這種無憂快樂的童年，成爲所謂的「問題兒童」。這些「問題兒童」不一定來自貧苦家庭，其中有許多是出自生活富足、衣食無缺的中上階層。但是，不論是貧苦的「問題兒童」，還是富裕的「問題兒童」，在他們的心中都有著相同的感受——家中缺乏溫暖。

因爲現代社會中龐大的生活壓力，使得許多父母忙得沒有心力和時間去親近、關愛孩子，而造就了許多憂愁的年輕臉龐。

一九二三年的冬天，在戴高樂擔任法國陸軍的少校營長時，第三個孩子出生了，但是，當時傳來的卻不是希望和歡樂的消息，而是一種無言的痛苦，因爲新生的女兒安娜是個先天缺陷的低能兒。

望著這個不幸的孩子，戴高樂夫婦既悲傷又歉疚，從此他們在安娜身上傾注了加倍的關愛，要讓她感受到人間的溫暖。在兵營裡，戴高樂是不苟言笑、冷峻嚴肅的指揮官，但是回到家，一看見安娜單純的笑容，他就會忘掉自己刻意保持的嚴峻，像個孩子般唱歌、跳舞就爲了逗安娜開心。

因爲夫婦倆抱持著共同的心願——傾盡全力照顧安娜，讓兩人的感情更加親密。他們小心翼翼地保護著安娜，就怕自己在安娜之前離開人世，使她無所依靠。也由於安娜的殘疾，他們更加同情受疾病折磨的孩子，總是在忙碌之中抽空關懷他們。

一九四六年，戴高樂辭去了職務，開始著手寫回憶錄。在夫婦倆商量下，決定把回憶錄的大部分版稅作爲殘疾兒童基金，基金會以安娜爲名。他們還以基金會的名義設立兒童保育院，戴高樂夫婦感到十分寬慰，他們再也不用擔心自己死後沒有人可以照顧安娜，可以了無牽掛了。

兩年後，安娜因爲肺炎離世，她的遺體安葬在寧靜的科隆貝教堂村。戴高樂握著他妻子的手在她的墓前傷心落淚，默哀了一陣以後，喃喃說道：「現在，她跟別人一樣了……」

戴高樂逝世後，人們依據他生前的願望，將墓地簡單地設在安娜的墓旁。從此，這位慈父日日夜夜守護著他的愛女。

如果家中有個「與衆不同」的孩子，通常會增加一對淚流滿面的父母，感嘆老天爲何要給孩子和自己這樣的折磨。

的確，面對這樣的孩子，必須花費更多的心力來照顧。

但是，他們不見得就是「包袱」。只要過適當地引導，他們也有照顧自己生活起居的基本能力。而且，他們天生單純並且不受到世俗的影響，他們沒有心機、與世無爭，長保同樣的笑容，這不也是一種幸福嗎？

就如同工作時必須背負著沉重壓力的戴高樂，安娜的單純反而是他的快樂來源。面對女兒，他可以完全放鬆、眞心相對。

人們都喜歡親近開朗、有溫度的笑臉。就像沐浴在和煦的陽光裡，可以讓人忘卻一整天的疲憊以及生活的煩惱。其實，如果能夠卸下臉上嚴苛的面具，換上一張笑容滿面的臉蛋，就能愉快過日子。

身爲一個人，能活在世上就是一件美好的事。每天將愉快寫在臉上，少一點「用心」，多一點快樂，想要有幸福的人生，只要有一顆單純的心就能做到。

對自己誠實就不會被騙

是被騙，還是自欺，其實兩者之間的差異並不大，如果不是我們心中有了隱藏缺點的自欺，也不會被人們看見心中的弱點。

中國有句「利令智昏」的成語，意指我們的心被慾望佔滿時，不僅會喪失自己本該堅守的尺度，還會因爲慾望的蒙蔽，失去了理性的判斷能力。

如果你不欺騙自己，就沒人能欺騙你。

走出人生泥淖的最好方法，就是「學會放下，活在當下」。

學會放下，你的內心就不會有過多煩惱與怨懟；活在當下，你的腦海就不會堆滿不切實際的妄想。

埃及的迪拉瑪被稱爲一座魔鬼城，從比東法老到蘭塞法老的六百年間，只要走進小城的外地人全都被騙過。

史書記載，第一個來到這兒的是位阿拉伯商人，原本想來這裡買些銀器回去販賣，結果卻被一個帶路的小孩子騙走了腳上的皮靴。

還有一個來自大馬士革的旅行者，計劃到帝王谷尋寶，沒想到進城不到十五分鐘，就被一個吉普賽人將身上的財物騙個精光。甚至有位印度巫師，也無法逃過被騙的厄運，身上唯一的銅蛇管，也莫名其妙地被一名啞巴騙走。

對於這座魔鬼城也有著許多傳說。

有人說，迪拉瑪是上帝的獅子、水牛和天狼三顆星，在地球上投射點的中心，因爲地理位置特殊，只要是外地人一走進這座城市便會頭昏腦轉。

此外，還有人說，埃及法老圖坦卡蒙曾經對此地下了咒語，爲了避免外地人擾亂法老的安寧，他在入口處下了「讓你破財」的詛咒，仁慈地提醒人們別再靠近帝王谷。

不過，這些傳說卻讓一位希臘哲學家破解。他在城裡住了一年，不僅頭腦相當清晰，而且隨身攜帶的東西一件也沒有少過。

這個消息後來傳到一位羅馬商人耳中。商人連忙四處找尋這位希臘哲學家，心想：「他一定知道破解法老咒語的辦法！」

但是，當羅馬商人找到哲學家的蹤跡時，卻已是一堆枯骨，原來哲學家早在五年前就已去世了。

不過，哲學家的門生告訴他：「老師在臨終前，曾在摩西神廟的石壁上留下了一句話，那句話是他從埃及回來後寫上去的。」

於是，商人連忙來到神廟，仔細地凝視著石壁上的哲言：「**當你對自己誠實的時候，世界上就沒人能欺騙得了你。**」

在羅馬羊皮書裡寫著一句話：「**一個人的智慧能制約另一個人的智慧！**」

是被騙，還是自欺，其實兩者之間的差異並不大，因爲，如果不是我們心中有了自我欺騙的念頭，也不會被人們看見心中的弱點。

「你能對自己誠實，那麼就沒有人欺騙得了你了！」

活在這個自滿於高科技的世代裡，不妨偶爾拿出塵封已久的前人哲思細心品讀，或許從前人的簡單領悟中，我們更能明白每件事的因果關係。

我們在發出抱怨和斥責聲時，不妨先自我省思，那麼就能清楚看見，眞正下「詛咒」的人不是別人，而是我們自己。

珍惜現在，未來才不會後悔

既然過去已經無法挽回，未來又是不可預知，只有現在是你可以掌握的，那麼你只有珍惜現在，未來才不會後悔。

有一個人活在徬徨迷惘之中，於是前去找一位知名禪師尋求未來指引：「大師，您是一位得道的高僧。能不能請您能告訴我，我的將來會怎樣？」

禪師看了他一眼，淡淡地回答一句：「你將來一定會死。」

這段對話看起來雖然很可笑，但是，無可否認的，死亡卻是人人最後都必須面對的一個事實。

有許多人終其一生只顧著爭名奪利，卻忘記了不管自己怎麼汲汲營營，將來總有一天會在這世上消失。

等到生命走到了盡頭，才開始驚覺到原來自己還有那麼多重要的事沒有經歷，可惜為時已晚。

某個企業大老闆到醫院去做健康檢查，過了幾天，醫生告訴他，他得了癌症，只剩下三個月的生命。

他聽完醫生的診斷之後，整個人彷彿掉入了無底深淵一般，隨即推掉了一切應酬，待在家裡陪伴家人，這才發覺原來家是這麼溫暖，為什麼他以前都沒有感覺到？

從此以後，他不再只專注在事業上，他看到原來世界真的很美，很廣闊，後悔自己以前從來沒有用心生活過！於是，他決定好好運用僅剩的三個月，讓它成為自己生命中最美好、最充實的時光。

三個月過去了，他接到醫院通知，才知道他根本就沒有得到癌症，而是報告出了錯誤。這個大老闆聽了非常生氣，氣沖沖跑去醫院質問醫生：「你爲什麼騙我，說我只能活三個月？」

醫生不斷向他道歉，可是大老闆仍然不能諒解。最後，醫生無可奈何地說：「我很抱歉，因爲檢查的錯誤造成你的困擾，讓你以爲自己只能活三個月。可是我請問你，你又如何保證自己還能活多久呢？」

確實，處在這個混亂又天災地變不斷的時代，誰也無法保證自己可以活多久，唯一能做的便是：珍惜現在，不讓自己後悔。

法國作家莫泊桑在《橄欖田》裡寫道：「人生森林裡的迷人歧路，原是由人類的本能和嗜好，以及慾望所造成的。」

如果你不想成爲人生旅程中的歧路亡羊，那麼就有必要提醒自己不要太急躁，不要太急功近利。

當生命如輕柔滑順的樂章，自然會使人們覺得歡欣。但是，眞正有價值的人，卻是在逆境中還能保持微笑的人。

一個能夠在行事不順時還帶著笑生活的人，要比那些處於困境時便瀕臨崩潰的人還懂得生命的價値和意義。

當一切事情都與自己的心願相違，還能保持平常心面對的人，其實就已經具備了非凡的特質，因爲，這不是一般人所能做到的。

許多人無法活出生命的價値和熱情，原因往往在於他們只注重物質生活，忽略了精神層次的美好，遭遇失敗之後就成了沮喪情緒的俘虜。

禪宗強調：「生命只在呼吸間。」

因爲生命是有限的，所以才能顯示出它的珍貴。

生命的長度和深度都由自己決定。沒有人能告訴你該怎麼運用你的生命，只能告訴你：學會放下，活在當下。

既然過去已經無法挽回，未來又是不可預知，只有現在是你可以掌握的，那麼，你只有珍惜現在，未來才不會後悔。

痛苦，是因為不滿足

生活中的快樂不是建立在物質的基礎上的。所以千萬記住，別讓你的慾望成為流浪漢的帽子了。

許多人費盡心機追求身外之物，想要讓自己過得幸福快樂，但是到最後卻總是得不到快樂和幸福。

這是因爲這些人不懂得知足，一味地以爲擁有的金錢、權力越多或地位越高就會快樂。殊不知，即使他們擁有了這些東西，也會因爲不懂得知足，而使原本到手的東西丟失，結果卻還是落得一場空。

傳說某個深山部落附近有座寶山，山上有一個神奇的山洞，山洞裡面的寶藏多到讓人終生享用不盡。但是，這個寶山的山洞一百年才會打開一次，而且每次只打開十五分鐘。雖然很多人都知道這個傳說，可是卻沒有人確實知道這個山洞在哪裡，以及山洞開啓的正確時間。

這一天，有一個四處流浪的流浪漢無意間經過這座寶山，很湊巧，經過的時候，正好是百年難得一見的山洞開啓的日子。

這個流浪漢在山洞外面看到裡頭數不清的金銀珠寶，眼睛都直了！他非常興奮地跑進山洞，將看到的金銀珠寶拼命裝滿身上所有的袋子。

由於山洞的門隨時會關上，所以他的動作非常迅速。當他身上所有的袋子全都裝滿了珠寶，再也沒有多餘的空間，這才依依不捨地走出山洞。

沒想到出來之後，才發現自己太過於興奮，把帽子遺忘在山洞裡了。於是這個流浪漢趕緊將裝滿金銀珠寶的袋子留在外面，快速衝進去洞裡拿帽子。

可惜，他剛進入山洞之後，山洞關閉的時間就到了，他永遠被關在山洞裡，再也出不來了。後來，幾個住在附近的居民經過山洞，發現流浪漢留在外面的寶藏，認爲是上天賜給他們的，就全部帶回村莊，和所有的村民一起分享這些天上掉下來的財富。

古羅馬作家小塞涅卡曾經說過：「如果一個人不知道他要駛向哪個碼頭，那麼任何風向都不會是順風。」

相同的道理，如果一個人不知道自己的眞正目標，那麼，不論如何鑽營，都無法找到自己想要的，當然也無法享受生活。

現代人事事講求效益，但是卻往往流於銖錙必較，把時間精力消耗無關緊要的芝麻細事上，還爲了這種行爲沾沾自喜。

現代人之所以會形成這種本末倒置的錯誤觀念，根本的原因就像故事中的流浪漢一樣貪得無饜，只要看得到的東西都想抓住。

生活中的快樂並不是建立在物質上的獲得，遺憾的是，我們的痛苦卻往往來自物質慾望的不滿足。

故事中的流浪漢在山洞裡拿到的金銀珠寶，足夠他買千千萬萬頂相同的帽子，但是，他並沒有意識到這一點，仍然執意要回去拿他的帽子。太貪心的結果，是失去原本到手的財富，而且被困在暗無天日的山洞裡。

這個流浪漢很笨，但是，你眞的比他聰明嗎？

記住，該放下的時候就放下，千萬別讓你的慾望成爲流浪漢的帽子了。

別讓惱人的記憶緊緊纏著你

趕快把生命流程中某個瞬間發生的過錯忘掉吧！如果你不能釋懷，那麼這些令人懊惱的記憶，就會緊緊纏繞著你，一起走進你的未來。

人總是比較容易記住不愉快的事情，對於快樂的事情反而忘得比較快，加上現代人的生活壓力越來越大，所以不快樂的人也就越來越多了。

要改變這種情況，其實並不難，只要將快樂的記憶時間拉長，縮短不愉快的記憶時間，久而久之，你的生命就會洋溢著快樂與和諧。

有一對白髮蒼蒼的老夫婦，每天早上總是會手牽著手，一起在住家附近的公園散步，他們已經這樣散步了快五十年。

這一天，是他們兩人結婚五十週年的日子，老先生還是一樣牽著老太太的手，在公園裡散步。

走著走著，老先生突然放慢腳步，緩緩地對老太太說：「有一件事我藏在心裡很久了，一直想告訴妳，卻不敢說出口。」

「你有什麼事想說？」老太太很疑惑地問。

老先生深吸了一口氣，接著說道：「二十年前，同樣在這個地方，我曾經牽過另外一個女人的手，但是，當時我只牽了五分鐘而已。雖然只有短短五分鐘，事後我還是一直覺得很後悔，一直到現在，回想起來，我對妳還是覺得很抱歉。」

老先生很快把話說完，不知道老太太會有什麼反應，覺得很緊張。

沒想到，老太太卻笑著說：「我還以爲是什麼大不了的事呢！趕快把那五分鐘的不愉快忘掉吧！對我來說，跟我們五十年幸福的婚姻比起來，那五分鐘根本不算什麼啊！」

五分鐘和五十年，哪一個時間比較長？

這是連小孩子都能回答出來的問題，可是對於故事裡的老先生而言，因爲放不下，他的五分鐘卻遠遠超過五十年的時間。

老先生由於內疚，只記得五分鐘的錯誤和後悔，因此忽略了他和他太太之間漫長而美好的五十年的歲月。

你是不是也跟故事中的老先生一樣，只記得五分鐘，而忘了五十年？

趕快把生命流程中某個瞬間發生的過錯忘掉吧！如果你不能釋懷，那麼這些令人懊惱的記憶，就會緊緊纏繞著你，一起走進你的未來。

3.
PART

先處理心情，再處理事情

一個健全的社會人，
該是一個能夠處理自我情緒的人。
我們想要培育更多健全的社會人，
便應該從當個健全的父母開始做起。

換個心情思索自己的處境

與其為別人的差別待遇忿忿不平，何妨換個心情思索自己的處境，藉由外在的尖刻來磨礪自己？這會比漫無目標地胡亂衝撞來得更有意義。

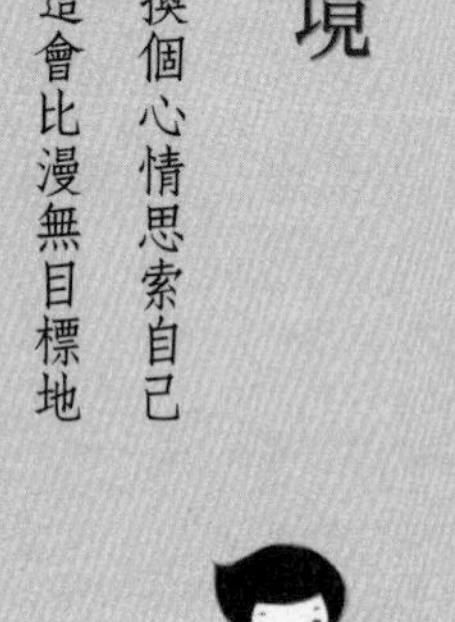

我們不能說這是個狗眼看人低的世界，但是，很多時候，人的外在條件、身分地位，確實會影響旁人的態度。

遇到勢利的人，你該怎麼辦？一味指責對方、要求別人改變，要是別人不改、不動，你又能如何？

與其如此，還不如花費心力去增強厚植自身的實力。讓自己成爲目光的焦點，別人自然會反過來依從你的想法。

美國汽車大王亨利．福特曾經感嘆地說，自己之所以能有如此成就，全是起因於一家餐館裡的際遇。

當時，他還只是個修車工人，有一回領了薪水，興致勃勃地打算到當地一家他觀望了很久的高級餐廳吃飯，想要好好慰勞自己一番。

想不到自己在餐廳裡呆坐了近十五分鐘，沒有半個服務生過來招呼他。最後，總算有一位服務生走過來問他是不是要點菜。

亨利連忙點頭稱是，服務生接下來一句話也不吭，不耐煩地將菜單粗魯地丟在他的桌上。

亨利忍住氣打開菜單，才看了幾行，耳邊就傳來服務生輕蔑的聲音：「不用看得太仔細，反正你只要看右邊就好了（印有價格的部分），至於左邊的（只印有菜色菜名的部分）你就不用費事去看了。」

亨利忍不住抬起頭來，目光正好迎視到服務生的眼神，他清楚地看見對方臉上寫滿了不屑。

這種情況立刻讓他的憤怒打從心底湧出，當下第一個反應，就是想要點最貴的大餐，給那個服務生一點顏色瞧瞧。

不過，他很快就打消這個念頭了，因爲想起口袋裡那份微薄的薪水，不得已，咬咬牙，還是只點了一份漢堡。

服務生從鼻孔「哼」了一聲，態度傲慢地收回了亨利手中的菜單，嘴巴雖然沒有再多說些什麼，但是臉上的表情清楚地讓亨利明白，他早知道這個窮小子只吃得起漢堡罷了。

服務生離開之後不久，餐點總算上桌。亨利並沒有因爲花錢還受氣的緣故而繼續惱恨，他反而一邊吃一邊冷靜下來思考，爲什麼自己總是只能點最便宜的食物，而不能點眞正想吃的大餐。

從此，亨利立下志願，期許自己一定要成爲社會中的頂尖人物。

果然，他從一位平凡的修車工人，變成了叱吒美國車壇的風雲人物，改寫了汽車界的歷史。

面對同樣的問題，你會怎麼處理？又有何種感想？

必定有些人會痛批那名服務生態度傷人，也有些人認爲這樣的餐廳不值得去，或者號召更多受辱顧客向他們討回公道。這樣的想法都是在檢討別人，希望別人做出改變，但別人眞的會改變嗎？亨利．福特不同，他決定省思自己，因爲只要自己夠強壯，那麼再大的風波都撼動不了。

社會上形形色色的人都有，我們沒有辦法要求每一個人都順從我們心意，只能形塑自己，讓自己發揮影響力。

法國思想家阿魯貝德認爲：「人不應該將不幸歸咎於環境，應該學習重新鍛鍊自己的意志，並確認自己此後應走的路。」

與其爲別人的差別待遇忿忿不平，何妨換個心情思索自己的處境，藉由外在的尖刻來磨礪自己？這會比漫無目標地胡亂衝撞來得更有意義。

行到絕處，你仍然可以選擇出路

不要把眼前的絕境歸諸上天或旁人，因為一切都是自己的選擇，假使我們賴坐在絕境處痛哭不走，即使神明來拉也是拉不動的。

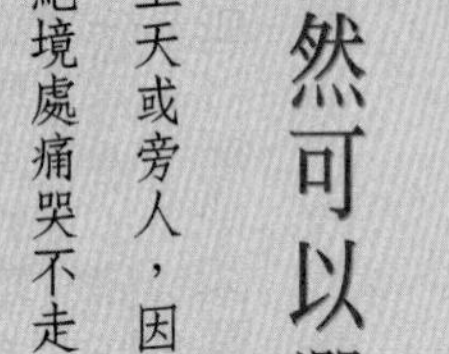

有人說，人生本來就不公平，有人出生含著金湯匙，有人裹舊衣破布；有人一輩子吃香喝辣，有人連求一餐溫飽都很困難。

是的，人生似乎眞的很不公平。

但是，至少有一件公平的事，就是每個人可以決定自己的一生要過什麼樣的日子，走什麼樣的路，無論眼前的際遇如何。

不少人出身貧苦，日後卻光榮顯赫，但也有不少人原本享榮華富貴，最後卻淪落至萬劫不復的境地。

其實，說穿了，我們的人生是我們自己的選擇結果。

法蘭西斯的母親三十一歲的時候，因爲長了脊椎瘤導致全身癱瘓，只能整天躺在床上。雖然能夠靠著輪椅行動，但是不論到哪裡，都需要旁人協助。

然而，她並沒有因此對人生懷抱怨懟，也沒有因此對生活絕望，反而積極地參與殘障協會的工作與活動，藉自己微薄的力量幫助更需要幫助的人。

回想起母親年輕時的活潑美麗，法蘭西斯分外覺得老天不公與殘酷。但是，在他的記憶裡，母親卻總是帶著微笑去面對每一天的生活。

法蘭西斯長大以後，在州立監獄裡任職，他的母親主動要求到監獄裡教寫作。法蘭西斯的印象很深刻，每次母親來到監獄裡，都有許多人圍著她，仔細聆聽她所說的每一個字。

她說的話，彷彿總是能夠爲別人帶來力量。

有一回，法蘭西斯看見母親給一位年紀很輕的囚犯寫信，信裡寫道：

親愛的韋蒙：自從接到你的信之後，我便經常想到你。你在信裡提到被關在監牢裡有多麼難受，關於這一點，我深感同情。你說我不能想像也不能理解坐牢的滋味，我想你錯了。

我想對你說，監獄是有許多種的。在我三十一歲時，有一天醒來，人完全癱瘓了。一想到自己從此被囚禁在不能自由行動的軀殼裡，再也不能在草地上奔跑，也不能抱起我的孩子，我的心便難過極了。

有好長一段時間，我躺在那裡，問自己這種生活還值不值得過。因為，我所重視的所有東西，似乎都已經失去了。

但是，我後來想到，我還是有選擇自由的權利。我可以決定在看見我的孩子時是哭還是笑，我可以決定是要咒罵上帝，還是請他賜予我信心；我還是有許多決定的權利，可以決定接下來該怎麼過活。

我決定盡可能充實地生活，設法超越身體的缺陷，擴展自己的思想和精神境界。我能選擇為孩子做個好榜樣，也能在感情上和肉體上枯萎死亡。

自由有很多種，韋蒙，我們失去一種，就要尋找另一種。你可以看著鐵窗，也可以穿過鐵窗往外看，你可以為自己的人生做決定。就某種程度上說，韋蒙，我們命運相同。

看完信，法蘭西斯已淚眼模糊。直到這時，他才把母親看得更加清楚，也更能體會到母親面對人生的態度。

當闔眼長逝之前，人若能回顧自己有限的生命，必可以發現，漫長的一生其實是每一個抉擇結果堆積而成的。

英國十九世紀知名的社會改革作家塞繆爾．斯邁爾斯說過這樣的一句話，他說：「生活的不幸與失敗，不是他人造成的，而是自己造成的。」

得過且過，不願爲事業耗盡心力，那是我們的選擇；將所有的時間拿來賺錢，暫時先將家人的感受置於一旁，那也是我們的選擇。成爲一名實業家或是一名流浪漢，都是我們自己的選擇。

所以，不要把眼前的絕境歸諸上天或旁人，因爲一切都是自己的選擇，假使我們賴坐在絕境處痛哭不走，即使神明來拉也是拉不動的。

受不了眼前的現況就站起身離開；覺得自己可憐，就想辦法不要讓自己那麼可憐；認爲自己倒楣，就徹底改變自我，轉變運氣。可以做的選擇那麼多，在地上打滾和哭鬧，或是自悲自憐，是其中最沒建設性的幾種。

即使行到絕處，你仍然可以找出一條走出困境的道路。

先處理心情，再處理事情

一個健全的社會人，該是一個能夠處理自我情緒的人。我們想要培育更多健全的社會人，便應該從當個健全的父母開始做起。

教育子女，自然是父母的天職，也是父母無法規避的責任。

但是，高壓式的威恐，並不能讓孩子眞正心悅誠服，反而會視管教爲洪水猛獸，逐漸與父母疏遠。如果爲人父母者，在發怒之前能夠先冷靜想清楚再開口，就會發現很多話自己會自動刪除，選擇不說。

有一天，大衛在後院裡教七歲的凱利如何使用割草機除草，突然室內電話聲響起，不一會兒，妻子跑來要大衛去接聽電話。

就這麼短短幾分鐘，等大衛聽完電話回來，幾乎快要抓狂了。

只見凱利一個人將割草機在後院推來推去，所過之處全都一片平坦，包含大衛最珍愛的花圃。

大衛忍不住提高了音量，要兒子不要再推了，快點放過他的花圃。他太過於焦急、生氣、憤怒，以至於沒有發現兒子瑟縮的肩膀以及渲然欲泣的神情。

這時候，妻子走到他的身邊，將手輕放在他的肩膀上：「大衛，別忘了，我們是在養小孩，不是在養花。」

大衛終於冷靜下來，收斂了臉上的怒容，將快要哭出來的兒子抱進懷裡。從兒子顫抖的肩膀，他知道凱利眞的嚇壞了，而他不知道自己還來不來得及修復孩子脆弱的心靈。

面對類似的狀況，麥克斯和妻子會有截然不同的處理方式。有天，他們帶著七歲大的女兒外出用餐時，女兒不小心打翻了桌上的水杯。麥克斯夫婦連忙請服務生協助將桌上的一團混亂整理好，過程之中，夫婦都沒有大聲責備女兒，或是給她嚴厲指責的目光，因爲他們知道，女兒已經爲自己不小心犯下的錯誤感到自責了。

後來，麥克斯的夫婦才從女兒口中得知，他們的做法是如何安撫了她的心。她說：「我希望你們知道，我眞的很感謝你們不像別的父母一樣。我大部分朋友的父母在他們不小心犯錯的時候，都會對他們咆哮，並且教訓他們以後要更小心一點。我眞的很謝謝你們沒有那麼做。」

摔破一個茶杯、弄髒一條桌巾，當然是很惱人的事，總是不免會怒極攻心地想大吼，要是孩子再小心一點就好了。但是，一個茶杯、一條桌巾，會比一個孩子重要嗎？

換個角度想，來你家作客的人不小心摔破茶杯、弄髒桌巾，你會這麼暴跳如雷，指著對方的鼻子痛罵嗎？

英國劇作家蕭伯納曾說：「當你叱責小孩之時，在盛怒下掌摑他的臉頰，這種羞恥恐怕他一輩子也忘不掉。因此對不可無情責打小孩。」

孩子是會將父母的每一種樣貌記憶在心底的，即使他們最終能夠明白父母的苦心，但是在驚嚇當時及過後的感受，往往難以磨滅。

人是胎生的動物，而且生下來不能跑，不能跳，不會自己覓食吃東西，需要父母給予更長時期的養育與照顧。先處理心情，再處理事情，父母應該多一點耐心，多一點寬容，孩子才能培養出健全的人格。

一個健全的社會人，該是一個能夠處理自我情緒的人。我們想要培育更多健全的社會人，便應該從當個健全的父母開始做起。

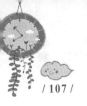

別把家人當敵人

婆媳之間是否一定要戰爭？男人是否一定要當夾心餅乾？不妨想想，既然決定要成為一家人，又為什麼要把對方視為敵人呢？

男人常是婆媳之間的那塊夾心餅乾，平時不論偏袒哪一方都不對，一旦出了問題，就像「豬八戒照鏡子」一樣，裡外不是人。

但是，男人不能把問題置之不理，試圖置身事外，否則必然將會讓自己陷入怎麼做都不是的地步。

結婚二十二年以後，畢頓才找到和妻子佩姬親近的秘方。

佩姬對畢頓這麼說：「我知道你很愛她，既然生命如此短暫，你就應該多跟你所愛的人一起共度時光。我覺得，你們兩個在一起的時間越多，反而會讓我們更加親近。」

畢頓剛開始簡直不敢相信自己所聽到的，因爲妻子佩姬竟要他去和另一個女人約會，而且深信，他們約會得越久，夫妻的感情反而越好。

佩姬鼓勵畢頓去約會的女人，其實是畢頓七十二歲的老母親。

自從畢頓的父親二十年前去世以後，他的母親就一直獨居到現在。雖然畢頓在成家立業之後，一直有接母親前來同住的念頭，但是由於母親不想離開家鄉，而畢頓也沒把握佩姬願意接納這個做法，於是不了了之。

在佩姬的催促之下，畢頓打了電話給母親。

接到電話，畢頓的母親顯然相當吃驚，連連地問：「發生了什麼事嗎？」她以為兒子無緣無故打電話，肯定有什麼問題。

所以，當畢頓邀約她一起去吃飯、看電影的時候，她顯得受寵若驚。當然，她還是很愉快地答應了。

到了約定當天，畢頓開車來接母親，他覺得母親看起來好像有點不一樣了。盛裝打扮，還特地去做了頭髮，看起來精神煥發。畢頓覺得有好長一段時間未曾見過母親如此神采奕奕的模樣了。

原本畢頓的心是忐忑的，他不知道這麼久沒有和母親單獨相處，兩個人該說些什麼話，反倒是畢頓的母親顯得健談許多，聊了許多趣事，讓畢頓原本的不自在感漸漸消除。

他的母親說：「我告訴我的朋友，我兒子今天要帶我出去約會，她們全都大呼小叫的，迫不及待地要我告訴他們今天晚上的約會經過。」

畢頓突然覺得，自己像是回到小時候，每天一放學就衝進廚房裡對著煮晚飯的母親嘮叨一整天在學校裡發生的事。

那種感覺，現在回想起來，實在溫馨極了。

點菜的時候，畢頓很自然地拿過菜單，因爲母親的視力已經退化到看不太見上面的字了。看著畢頓一一點菜的模樣，他的母親笑著說：「呵呵，現在交換過來了，以前可都是由我來點菜的呢。」

一頓飯吃了下來，母子二人的話匣子打開，說了又說、聊了又聊，最後甚至錯過了看電影的時間，整個吃飯的過程輕鬆且愉快。

最後，畢頓開車送母親回家，臨去前，他給了母親一個吻。他的母親笑著說：「下一次我還要和你一起去約會，不過，換我請客。」

畢頓心情愉快地回到了家，妻子佩姬連忙來問他狀況如何，他摟著妻子，在她頰上輕吻一下，而後說：「謝謝妳，老婆。」

佩姬紅了臉頰，語帶得意地回了句：「我早告訴你了，不是嗎？」

小說家亨利．詹姆斯明確地指出：「和人交往時，切勿忘記一件事，即對方有固有的生活方式，不可以干擾他人的生活。」

尊重彼此，留有妥協與呼吸的空間，我們將不會有摩擦。

經營婚姻生活，也是相同的道理。一段婚姻的展開，不只結合了兩個人，也結合了兩個家庭。不論男方或女方，都等於是多了一對父母；不論是公公婆婆或是岳父岳母，都等於是多了一個孩子。

當然，突然不得不和完全不相熟識的人相處，剛開始必定會經過一陣子的磨合期。比起已和「新」父母相處數十年的另一半，自然得面臨更多的衝突與協調，這是不可避免的。

但是，就像結交新朋友，不都是得從認識對方開始做起，了解對方的優缺點後，以誠摯的態度交往？

如果有了先入爲主的想法，恐怕還沒有展開婚姻生活，就已經決定要彼此爭鬥了。「否定」與「敵對」的結果必然難以避免。

婆媳之間是否一定要戰爭？男人是否一定要當夾心餅乾？不妨想想，既然決定要成爲一家人，又爲什麼要把對方視爲敵人呢？

幸福的回饋，來自情感的連結

當我們將一個生命納入自己的羽翼之下，就代表著願意為他的一切負責，他的一切，不論好的、壞的，都和我們產生緊密連結。

現代人正面臨著層出不窮的災難，天災、戰爭、社會案件、能源危機……各式各樣的禍事不斷在我們的生活中出現，摧殘著我們的心靈，心理學家稱這種現象爲「精神性的創傷」。

想對抗這個充滿「精神性的創傷」的世界，人必須設法找回愛人的能力，重新體會什麼是「幸福的感覺」。

法國作家雨果說：「人生無上的幸福，就是確信我們被愛。」

在愛人的時刻，同樣也能得到幸福的回饋，這就是愛的奧妙。

在世界射擊錦標賽的頒獎典禮現場，發生了一個緊急事件：現場沒有人找得到剛剛出爐的冠軍普欽可夫。

這個事件發生的時間非常敏感，因爲近來報章雜誌上層出不窮的恐怖、爆炸、劫持、綁架等字眼，鬧得人心惶惶。許多人開始揣測是不是有什麼因素，導致普欽可夫不能上台領獎。

主辦單位連忙要人立刻廣播，希望普欽可夫立刻出現在頒獎台上。廣播喇叭登時開始聲聲播送：「普欽可夫，普欽可夫，請馬上到領獎台前！普欽可夫請立刻上領獎台！」

那麼，普欽可夫到底在哪裡呢？

整個頒獎會場找他找得人仰馬翻的時候，他正安然無恙地在會場外第一個公共電話亭裡，和他的媽媽通電話。

「媽！妳看見了嗎？妳聽見了嗎？我贏了，我贏得冠軍，破了紀錄！」

普欽可夫的媽媽也同樣在電話的另一頭激動地說：「聽見了！聽見了！電視機裡正播著呢！你聽，播報員正在喊你的名字呢，快，快領獎去。」

「我跟妳說，用媽媽的眼睛瞄準，靶心就像就大又圓大清楚的月亮，我可以清清楚楚地透過準星瞄得精準，子彈一飛出去就直達靶心。」普欽可夫興奮得熱血沸騰。

知道普欽可夫過去的秘密，就不難理解他現今開心的模樣。

普欽可夫十歲的時候，他的眼睛曾經因爲罹患黑色腫瘤，被醫生判了死刑。如果不進行眼球摘除術，腫瘤快則三個月、慢則半年就會蔓延全身，危及他的性命。當時許多醫生都束手無策，普欽可夫的母親帶著年紀小小的兒子四處求醫，只求能夠救兒子一命。

他們最後來到眼科專家巴甫琴科醫師所在的醫院，因爲普欽可夫的母親聽說，巴甫琴科醫師已經成功將眼球移植手術施行在一隻盲犬身上。

普欽可夫的母親見到巴甫琴科醫師以後，立刻請求進行手術，將自己的一個眼球移植給兒子。但是醫生卻不敢貿然進行手術，因爲這項手術目前還沒有足夠的醫療成果可以應用在人體上。

普欽可夫的母親聽完立刻說：「醫生，總得有第一個吃螃蟹的人吧，你幫我把一隻眼睛移植給我的兒子，我和我的兒子就都能夠擁有一個光明的未來。你瞧，平白地就從一個光明的未來變成兩個光明的未來，怎麼看都合算，對吧！醫生，我求求你。」

後來，巴甫琴科醫師終於決定幫普欽可夫進行手術。

可惜，這一次的手術失敗了，但是普欽可夫的母親並沒有放棄，說服醫生進行第二次手術，再次嘗試將自己剩下的唯一眼睛移植給兒子。

總算皇天不負苦心人，第二次的手術成功了，這也是人類史上第一次成功的眼球移植手術。

故事中的普欽可夫，如果沒有母親的犧牲，必定沒有辦法重見光明，也沒有辦法擁有光彩榮耀的人生。因此，相對的，在普欽可夫的心中，份量最重的，自然是他的母親。

當一個女人有了自己的小孩，意味著她從這一刻開始不再是單獨的個體，而會很自然地讓孩子佔據自己的心思、時間與一切。

這是一種自然的母性力量，讓女人變得更爲堅強，從心底湧起一股保護的力量，努力想要讓生命延續下去。

嚴格來說，這種母愛心思不只有女人有，也不只有針對小孩。當我們將一個生命納入自己的羽翼之下，就代表著願意爲他的一切負責，他的一切，不論好的、壞的，都和我們產生緊密連結。

情感是一種相互且相對的流動元素，當我們感受到對方的眞心誠意，便很難無情以對。若執意斷裂這樣的連結，自己所受的傷可能會更加嚴重。

塑造自己的獨特魅力

我們要做的，不是想方設法讓自己變成和某人一樣的人，
而是找出自己的特質與特長，塑造出專屬的獨特魅力。

當我們爲家人、朋友的成就感到驕傲時，其實心裡也相對地希望自己能讓對方驕傲。這是人之本性，也是榮譽心的激發，一種相互勉勵的自然動力。

然而，當這股力量偏斜、失衡的時候，原本的動力，很可能就反過來變成一種壓力了。這時候，你該如何面對？

雖然有一個太空人爸爸是一件值得驕傲的事，但是大衛．加佛卻也忍不住想要大喊：身爲一個太空人的兒子，必須肩負好大的壓力。

或許是大衛的父親眞的太過優秀，他在高中時代同時擔任橄欖球隊隊長、班長，還是學報編輯。相對來說，十一歲的大衛感覺上就是個比較平凡的學生，不管是打籃球、踢足球、打棒球，成績都普普通通。

當然，大衛也不是一無長處，事實上他寫得一手好文章，只是從來不曾向人展現自己的才能。他寫詩，也寫短篇小說，可這些文字最後都被藏在他的紅色筆記本裡，放在書桌最底層的抽屜。

大衛很想做些一鳴驚人的事，比方從起火的房子裡救出小孩，或者把搶劫老太太的壞蛋趕走，讓所有的人對他印象改觀，讓爸爸爲他感到驕傲。大衛也夢想自己有一天能夠成爲英雄，像是發明拯救全世界的特效藥等等，但是，他很清楚這些都是白日夢，距離現實太遠。

有一天，上英語課的時候，老師宣布學校將舉辦父親節作文比賽，希望班上能有同學投稿參加。大衛的心躍動了一下，提筆寫字這件事對他來說並不困難，這是他可以做得到的。於是，他決心參加比賽。

放學回家的路上，大衛很快地想好他的題目和打算寫的內容。他捨棄「我父親是太空人」這樣的開頭，因爲很多人知道他的父親是個太空人，但是，在大衛眼中，父親卻不是太空人的模樣。

他決定將自己眼中眞正的父親，一點一點地描繪出來。

在大衛眼中，父親是什麼模樣呢？

他寫道：「我看見的父親是怎樣的呢？我看見他在黑暗中坐在我身旁，當我還是個小孩，做了惡夢的時候；我看見他教我怎麼樣打球；我記得，當我的狗被汽車撞死，他抱著我好幾個小時。他會在我八歲生日的慶生會上，帶來另一隻小狗，使我大吃一驚；他會在我哭的時候，告訴其他的人我只是因爲很嚴重的過敏症才哭；他在祖父過逝時，以最委婉的方式對我說明什麼是『死亡』。對我來說，我的父親不只是個太空人，更是深切愛我的父親。而我，以身爲他的兒子爲榮。」

大衛的文章標題爲〈我父親的兒子〉。

三天後，評審結束，學校在禮堂舉辦了一次公開的發表會與慶祝會，邀請所有的學生與家長一同來參加。同時，得獎的前三名，他們的作品將會在現場被朗讀出來。大衛的作文獲得了第二名，得到了獎金五十美元。校長高聲宣布，大衛走上台，腿在發抖，當他讀著作文時，聲音也在顫抖。

讀完後，聽眾們鼓起掌來。他看見父親擤著鼻涕，母親的臉上滿是淚水。大衛走回自己的座位。

「你也得了過敏症，爸爸。」他試圖開玩笑。

父親點點頭，清清喉嚨，把手搭在他的肩上：「兒子，這是我一生中最驕傲的時刻。」

故事中的大衛，很清楚知道父親的成就讓他以及全家人感到驕傲，能夠和如此偉大的人同爲一家人，是一件與有榮焉的事。但是，大衛卻也因爲父親像是一道巨大且超越不了的高牆，因而感到自卑落寞。

他很希望自己不是一個什麼都比不過父親的人，即使只能成爲一日英雄，對他來說都是一種迫切需要的情緒舒緩。

沒有人喜歡技不如人的感覺，沒有人喜歡輸的感覺，競爭與超越是人類的本能。但是，當競爭對象是自己重視且在乎的人，矛盾將因此產生。

所幸，大衛找到一個出口，他利用文字和筆，爲自己成功爭取了一次光榮時刻，也讓他的父親爲他感到驕傲。

卡內基說得精闢，他說：「儘管你處心積慮地模仿別人，亦將一無所得。因為你是一個『新人』，過去的世界上絕沒有一個和你一模一樣的人，即使翻遍所有的歷史，也不可能發現和你完全相同的人。」

我們要做的，不是想方設法讓自己變成和某人一樣的人，而是找出自己的特質與特長，塑造出專屬的獨特魅力。

只要有心，就沒有不可能

深愛一個人，將一個人放在心上，用心去關注，就會不離不棄，心甘情願陪伴到最後。

有句古語說：「夫妻本是同林鳥，大難來時各自飛。」強調人世無常，即使是親密如夫妻，一旦面臨危難，也不免迫於情勢各自分飛。

正因爲如此，那些始終堅持同心的夫婦才會特別被人重視，令人感動。因爲眞情難得，所以彌足珍貴。

災變、危難是誰都不願意面對的，但是，天有不測風雲，災難降臨之際，如果你不願意和對方共同承受那些扎在心頭的刺痛，又如何爲彼此建立一座可以悠遊一輩子的幸福花園呢？

約翰的妻子珍妮罹患了癌症，夫妻同心地一同面對病魔八年，然而，最後，珍妮還是離開了人世。

要照顧生病的妻子，還要照顧七個子女，約翰耗費了極大心力。

珍妮病逝之後，約翰整理她的遺物，發現一張小小的紙條，紙條上寫著他的名字。他淚流滿面地看完之後，才知道這張紙條是妻子留給他最後的遺言，也是最後的情書。

紙條上，珍妮以歪斜的字跡，謝謝她的丈夫從不吝惜疼愛、照顧與牽掛，在她病痛的時候給予幫助。「忍讓我，支持我，總是讚美我。照顧到我的需要，在我需要的時候出現在我的身邊。謝謝你，熱情、幽默、善良、體貼的約翰，你是我最知心的朋友。」

回想八年來的心路歷程，約翰不敢說自己是珍妮紙條中所寫的那樣好的丈夫。

有時候，他也會脆弱得不知該如何是好。

可是，他會想，如果自己垮了，不能爲珍妮堅持下去，那麼，珍妮一個人該怎麼辦？

他很慶幸自己努力到了今天，雖然遺憾妻子的離世，但至少不會因爲自己沒盡過心而後悔。

約翰將珍妮給他的紙條隨身帶在身上，當思念愛妻的時刻，就取出來讀一讀、望一望，心情便能夠平靜。

朋友問他：「爲什麼你能夠堅持這麼久？爲什麼你能夠做得到？」

約翰摸摸胸前口袋裡的紙條，靜靜地回答說：「只要你愛得夠深刻，你就能夠做得到。」

故事中的約翰說出一個重點，「只要愛得夠深刻，就能夠做得到。」人與人之間的維繫，其實就在一個「心」字而已。

有心，很多不可能都將化爲可能。

深愛一個人，將一個人放在心上，用心去關注，就會不離不棄，心甘情願陪伴到最後。因爲在乎、因爲感動、因爲心疼、因爲不捨，許許多多動人的平凡故事就此被印記下來。

歌德曾斬釘截鐵地說：「愛是真正使人復甦的動力。」

確實如此，當我們有心、有愛，就能從心升起源源不絕的力量，再怎麼艱難辛苦的處境，都能滿懷信心地走過。

適時傾聽，會讓心靈安寧

在危急的時刻，假使我們沒有能力扮演英雄角色，那麼，至少讓我們成為一股安心的力量吧。傾聽和陪伴往往就是使心靈得到安寧的特效藥。

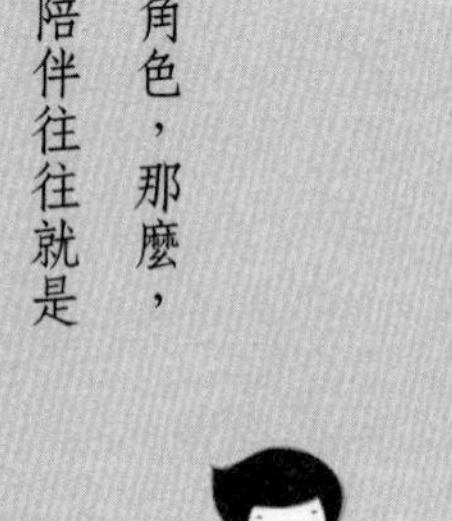

危機或災難發生的時候，每個人都需要一些關心和幫助。適時的關心和幫助，可以讓人保持冷靜，度過眼前難關。

遇到突發狀況，人一旦失去信心，有了害怕的念頭，原本可以做得到、做得好的事，將會失去不少效果，甚至往較糟的方向偏去。

這種時候，有人會選擇向親朋好友求助，求助不是因爲不知道該怎麼處理，而是因爲需要有人陪伴。

艾曼達在夜裡十一點突然接到女兒莫拉的電話。莫拉在外地上大學，平時很少回家，但是每個禮拜一定會打電話回家跟媽媽報平安。不過，她不曾在這麼晚的時間打電話。

莫拉開口就說：「媽媽，和我同寢室的朋友剛剛差點自殺，她拿了一大瓶安眠藥想吞藥自盡，幸好我們及時把藥搶了下來。我們現在全都不敢睡覺，每個人輪流陪她。她以前就有自殺未遂的前例。」

從莫拉顫抖的聲音裡，艾曼達知道自己的女兒正在害怕，然而，她遠在天邊，艾曼達也不知該怎麼做才能幫得上忙。

艾曼達逼自己以最溫和的態度和聲音說話，只希望不要再增加女兒的壓力。她說：「妳們請求醫生幫忙了嗎？」

莫拉回答：「還沒有，她現在已經穩定下來。她說不想張揚這件事。」

艾曼達可以理解孩子們心裡在想些什麼，不過還是希望能有大人在她們身邊幫忙。於是，她對莫拉說：「聽著，妳們還沒有辦法自己處理這樣的事，妳的朋友需要專業人士的幫忙。所以，妳應該先把事情跟舍監說明清楚，她會知道該怎麼辦的。」

莫拉沉默了好一陣子，而後才又開口說：「媽，我好害怕。」

艾曼達聽得既心疼又心焦，連忙回話說：「寶貝，我也害怕，我希望我能在妳們身邊陪妳。」

艾曼達不斷地傾聽女兒的聲音，不時地對她給予支持與鼓勵，她對著女兒說，也對著女兒的朋友說。在這個時刻裡，她不會去問孩子學習的進度和學校生活的狀況，也不去要求孩子得用功學業，她知道，現在孩子需要的不是這些，只是想要有人可以說說話。

直到莫拉的心情鎮定下來，艾曼達心中的大石也才安放下來，她知道遠在異鄉的女兒已經能夠處理好接下來的事了。

心一旦慌亂，很多事情都會跟著亂了步調。發生意外事故之時，要是每一個人都心浮氣躁、慌亂不安，事情可能產生的變數便會隨之波動起來。

這時候，我們需要的只是一股安心的力量，讓我們知道自己不是孤獨一人，知道援軍就快來到，如此就不會怯步不敢向前。

而這股力量，可能只是一句話、一個擁抱。

日本有這麼一句諺語：「溫柔的一句話，便可以溫暖一個冬天。」就算親朋好友不能時時刻刻陪伴身邊，在需要慰撫的時候，一句關心的言語就可以激起無窮力量。只要張開口說一句好話，就能夠幫助別人，爲什麼不做？

在危急的時刻，假使我們沒有能力扮演英雄角色，那麼，至少讓我們成爲一股安心的力量吧。讓彼此相信事情一定會好轉，一定會往良善的方向變化，而後，我們的心就能靜下來，不再慌亂焦慮，也就能夠好好想想，接下來該怎麼辦、該怎麼做。

對方意亂心慌的時候，別急著說個不停，而要慢慢地聽。別忘了，傾聽和陪伴往往就是使心靈得到安寧的特效藥。

4.
PART

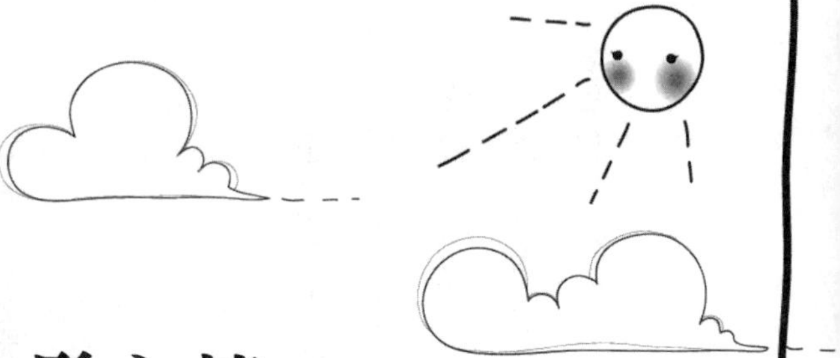

放鬆心情，才能激發潛能

越是在意執著，越容易把事情搞砸。
這時候，若能夠緩下心情、按部就班，
反而能讓事情如期順利完成。

與其強迫，不如順水推舟

北風和太陽都能讓人將外套脫下，但太陽的方法顯得高明了許多，以讓人不心生抗拒的態度處世，所受到的阻礙與反抗將會是最小的。

想要讓別人依著自己的想法做事，是一件不容易的事。

每一個人都有決定自己想要做什麼的權利，而每一個人也都堅信自己有這樣的權利。所以，當我們被要求、被脅迫、被威逼，就會心生反抗。

這就好像用力拍擠一顆皮球，皮球要不就是會反彈跳起，要不就是會被壓扁，變得不再是皮球。

據說，有一個軍隊的將領，一直為自己的軍隊同袍感到為難，原因是兵士們雖然戰功彪炳，但是衛生習慣奇差無比，每一個都用袖子來擦鼻涕，看起來非常噁心，而且有礙軍容。

更糟糕的是，不只一般士兵這麼做，連身為中校、上校等領導階層的軍官也都這麼做。因此，即使將軍明文告誡，要求士兵不可以再用袖子擦鼻涕，違者就要處罰，還是一點效果也沒有。

後來，將軍想了一個辦法，他命衛兵買來許多手帕，發給各階層的將領。但是，第二天將軍還是看見大家用袖子擦鼻涕，這下可把他氣壞了。

他將所有將領叫到跟前來，厲聲責問他們手帕到哪裡去了，結果，有人說掉了，有人說沒帶，就是沒一個人把手帕放在身上。火大的將軍氣得吹鬍子瞪眼睛，最後，要他們全都把軍服上衣給脫了下來，然後出去。

軍官們一個個面面相覷，不知道將軍這次發火會有什麼後果。該不會革他們的職吧？只能垂頭喪氣、提心吊膽地回到自己的崗位。

第二天早上，將軍又將軍官們全部叫來，沒說什麼就把軍服發還給他們。軍官們全都喜出望外，急忙將軍服穿上，很高興將軍沒有將他們全部撤職。

剛巧，一名軍官不小心打了個噴嚏，很自然習慣性地抬起手來就要用袖子擦鼻涕，這一擦把他擦得哇哇大叫。

原來，將軍命人將他們的軍服袖子上縫上一排金釦子，要是他們又想用袖子擦鼻涕，就會被釦子刮得傷痕纍纍。

漸漸地，軍官們改掉了用袖子擦鼻涕的壞習慣。

外人不明所以，見軍官們筆挺的軍服上縫上一排金釦，非常好看，便紛紛跟著模仿。現在，在袖子上縫上袖釦，已經變成一種時尚了。

想要別人幫我們摘取樹上的果子，最好的方法就是幫他架好梯子，然後設法讓他覺得爬上梯、摘下果是他自己的決定，是他自己想要這麼做。如此，他不但會感謝你幫忙架梯，還會將你想要的果子與你分享。

故事裡的將軍，試了各種方法都沒能讓將領們改去用袖子擦鼻涕的惡習，後來他選擇賜予好看的金釦，一方面象徵榮譽，一方面也讓他們無法再輕鬆地以袖子擦鼻涕，可說是兩全齊美。

如此一來，子弟兵們必定也學著縫上袖釦，很快地也能將惡習改正，這才是眞正風行草偃的治理之道。

北風和太陽都能讓人將外套脫下，但太陽的方法顯得高明了許多。同樣的，想滿足自己的某些需求，與其強迫，倒不如順水推舟，以讓人不心生抗拒的態度處世，所受到的阻礙與反抗將會是最小的。

靈活競爭才能出奇制勝

學習並不等於模仿，在學習的過程中加入個人的領悟，配合自身的特長，才能將別人的成功經驗內化成自己的真正實力。

前人的經驗，無論成功或失敗，都可以給我們許多啓示，讓我們得以避開危險、困難，依著安全的策略地圖前進。

然而，許多被前人標示爲絕境之處，並不一定眞的毫無生機，無法超越，而是還沒找到最恰當的方法。

有些困難，乍看之下似乎難以克服，但並不是完全無法突破。假使可以想出辦法，通常就能夠達到出奇制勝的效果。

一八〇〇年，拿破崙第二次攻打義大利，這一次，他決定不再依循一七九六年進軍義大利的南線道路，而是選擇另一條捷徑。這條捷徑必須穿越義大利邊境的天險——阿爾卑斯山，唯一的路口是義大利與瑞士之間的小聖伯納德山口，向來以艱困難行著稱，對於行軍的隊伍來說，更是難上加難。

但是，拿破崙卻認爲，自己覺得困難的路徑，敵人也必然會如此想，相對的也會放鬆戒備。因此，他決意實踐自己的名言：「任何一條小徑，只要山羊能過，軍隊也能過。」暗中派遣先鋒部隊朝阿爾卑斯山山徑進發。

果然，奧國軍隊統帥梅拉斯並沒有料到拿破崙會做出如此決定，反而將兵力分散在亞歷山大里亞等西南地區，若是法軍選擇南線道路，雙方勢必有一場激戰。不料，排除萬難行軍山隘的法軍，以出乎梅拉斯想像的速度進擊了米蘭，且成功斷絕了奧軍的補給和退路。

拿破崙果然如願在馬倫哥戰役之中，徹底擊潰奧軍。

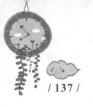

後來，一八〇五年，拿破崙揮兵進軍奧國，也同樣捨棄一七九七年的波河河谷路線，改走多瑙河河谷。

奧軍主力查理公爵率領九萬五千精兵在波河河谷，卻苦等不到拿破崙軍隊的蹤影，年輕又經驗不足的費迪南公爵則無法抵擋拿破崙行動速捷的大軍，法軍又輕鬆地贏得了勝利。

有很多媒介可以告訴我們成功的案例，也有很多管道可以讓我們了解致勝的秘訣，然而，手握兵書眞的能讓人百戰百勝嗎？

其實不然。若是只會紙上談兵，而不知道依實際的狀況運籌帷幄，空有幾百種戰術，恐怕一項也派不上用場，一種也沒有效果。

拿破崙之所以成功，並不在於他的兵法學得比別人精妙，而在於他懂得變通，懂得反其道而行，最重要的是，他懂得冒險。他懂得在別人不得不放棄的地方多努力一點，支撐久一些，一旦越過了心理上的障礙，人自然會產生更多自信，做起事來也更具戰無不勝的氣勢。

不按牌理出牌，出其不意、攻其不備，自然比別人更容易佔得先機。

我們當然可以大肆地仿效他人成功的作爲，但是學習並不等於模仿，學習是掌握精髓，模仿只是畫虎類犬。在學習的過程中加入個人的領悟，配合自身的特長，才能將別人的成功經驗內化成自己的眞正實力。

山繆．史曼斯說得直接：「不敢形成自己的意見、觀點的人必定是一個懦夫；沒有自己的觀點、意見的人必定是個懶漢；不能形成自己觀點、意見的人則必定是個笨蛋。」

一個人想要成功，絕不能只是依樣畫葫蘆，而是要設法將別人的經驗轉化成自己的養分，並且不斷尋求突破的方法，才能使自己的人生道路暢通。

沒有勝算，就設法拉長戰線

成功，並不意味著不顧一切代價地蠻幹，而是衡量自身的能力，對外在的挑戰進行有效抗爭。

作家賀伯曾經勉勵我們：「雖然你無法改變自己的處境，但是你卻可以改變自己的心境。」

人生總有無可奈何的時刻，當你沒有能力改變自己的處境時，唯一可以改變的就是你的心境。

有一句話說：「留得青山在，不怕沒柴燒。」當正面衝突沒有勝算的時候，避開鋒頭可能會是比較好的方法。

有些人背脊剛硬，事事不肯屈服，很容易讓對手產生除之而後快的敵意。背脊骨一旦被打斷，人也活不久，動不了了。這種時候，不妨轉換念頭：只要能比對手活得久，就能得到另一種成功。

在惡政統治時期，埃格爾先生的家門口來了一名特務。特務手上持有一份文件，表示這座城的新任統治者賦予他權力，只要他的腳踏進哪一棟房子，那棟住宅就合法歸他所有；凡是他要什麼食物，那樣食物就得屬於他；他需要哪個人幫手，那個人就得聽他使喚。

就這樣，那名特務成功地進駐到埃格爾先生的家裡，埃格爾先生不僅必須爲他準備食物，提供他換洗衣物，還要服侍他睡下。

那名特務在入睡之前問埃格爾：「你願意服侍我嗎？」

埃格爾沒有說話，只是幫他蓋上被子、趕走蒼蠅，在他房門口守衛。

這樣的日子，埃格爾過了七年，七年裡，他一句話也不說。

七年後，成天吃飽睡、睡飽吃的特務，醒來後除了發號施令以外什麼都不做，不只成了一個大胖子，最後還因病一命嗚呼。

就在那一天，埃格爾先生將那個胖死在床上的特務以被子包裹，丟出屋外，然後將整棟屋裡的上上下下全都刷洗乾淨，連牆壁都重新粉刷過一遍。

就在一切全都整理完畢之後，他坐在沙發上，輕輕嘆了一口氣，而後堅定地說：「不，我不願意。」

在時勢所逼的情況下，沒有本事逞英雄的人，暫時忍氣吞聲、忍辱負重，是爲自己留下活路的可行方法。

就好像故事裡的埃格爾先生，他選擇忍下一切的怒氣，只求讓自己保有一線生機，雖然身體被奴役，但至少精神是自由的。當那名特務命亡，他就得以重新得回他自己的一切。

我們不知道生命裡的難關會在何時出現，也不知道會是什麼樣的難關讓我們難過且痛苦，但是，有一件事是確實知道的，那就是撐過了眼前的難關，就能夠緩解身體與心靈的壓力，獲得喘息的空間。

美國激勵作家威廉．丹佛曾說：「有勇氣的人並不是沒有恐懼，關鍵在於他戰勝了恐懼，用積極的生活去挑戰恐懼。」

成功，並不意味著不顧一切代價地蠻幹，而是衡量自身的能力，對外在的挑戰進行有效抗爭。

贏的人，經常是支撐得最久的人。沒有勝算，就別正面衝突，不如以時間換取空間，拉長戰線，拖垮敵人戰力，最後便能擁抱成功。

改掉錯誤，再次步上坦途

一個人若能夠盡力去彌補曾經犯下的過錯與造成的損傷，這種善意的念頭便值得給予鼓勵。

孔子說：「知錯能改，善莫大焉。」不管以往犯了什麼錯，一個人若能夠盡力去彌補曾經犯下的過錯與造成的損傷，這種善意的念頭便值得給予鼓勵。

世界上沒有不犯錯的人，重點在於犯錯之後是否勇於面對錯誤，是否願意改變心境，讓自己重新開始。

哈利犯了一個錯，這個錯誤讓他感到非常後悔。

他是一名稅務員，身為稅務員最大的要求就是公正不阿，品格良善。但是，半年前，哈利收完各地的稅款款項，途經一個汽車展銷會，看中了一款心儀已久的跑車。銷售員鼓吹說，只要能夠現場預付頭期款現金，就能夠馬上把車開走；否則，這一款大受歡迎的車，很快就可能銷售一空。

哈利很猶豫，因為他手頭上的現金不夠，但是，不論怎麼說，銷售員都不肯幫他把訂單保留到下個禮拜二。最後，哈利咬著牙、狠下心，決定先暫時借用剛剛收來的稅款，等一下到波特蘭市再將他自己的債券變現，放回稅款的保險箱裡。可是，就在哈利開著新車飛奔前往波特蘭市時，車子意外打滑，結果出了嚴重車禍。哈利不只受重傷被送進醫院，挪用公款的事情也因此爆發了，出院後還得接受六個月的牢獄生活才能回家。

他的父親痛心地說：「兒子，你眞是糊塗啊。」

哈利只能低著頭悔恨地說：「是的，爸爸，我知道。」

當他終於回到家，躺在自己的床上，心底卻沒有踏實的感覺。因為，他不知道自己該如何面對這個鎮上的所有人，他不知道大家是不是能夠接受一個已滿心懺悔的罪犯，他害怕被別人排斥。

就這樣，哈利整天都躲在家裡，哪裡也不去，既不去找工作，也不肯出門買東西，家無疑像是另一個無形的監獄，將他牢牢關著。

幾個星期後，哈利的父親對他說：「孩子，你有什麼打算嗎？我們並不是在催你，這裡永遠都是你的家，但是……」

哈利知道父親接下來想說些什麼，於是他收起手上的報紙說：「正好，波特蘭有人想找伐木工，我準備明天就去應徵。」

哈利在鎮外找了一份不用調查個人資料的工作，每天在人煙罕至的森林裡砍伐木頭。雖然工作辛苦，薪水微薄，但是他感受到一股自由。

然而，時間久了，他還是會想家。一天，揣著懷裡剛領到的薪水，他搭上公車回到自己的家鄉，走進麥克唐納的雜貨店裡，想要用自己親手賺的錢買禮物送給家人，讓他們安心，也讓自己安心。

他帶著忐忑的心情來到麥克唐納的櫃台：「你好，麥克唐納先生，我需要幾件白色襯衫和幾雙襪子。」

麥克唐納二話不說，便拿了哈利要的尺寸的衣物出來，而後哈利又買了幾樣東西給父親和母親。他的手一直插在口袋裡，緊緊握住一卷鈔票，隨時準備好要拿出來付帳。

挑選完畢後，哈利說：「就這些了，一共多少錢？」他覺得自己的手心已在發汗，努力讓自己的聲音不要發抖。

麥克唐納看了他一眼，然後打開桌上的記帳簿，翻到寫有哈利名字的那一頁，邊寫邊說：「一共是二十二美元五十美分。」

接過麥克唐納替他包好的東西，哈利露出釋懷的笑容。現在，他知道，自己是眞正回到家了。

哈利雖然離開了監獄，但他卻沒有離開自己心底的牢籠，甚至在牢籠之外還要加上層層圍籬，藉此自我封閉。

這種做法，或許讓他可以不用立刻去面對衆人的目光，但卻也讓有心援助他的人，不得其門而入。

他面對的是存在心上的枷鎖，除了他自己，別人是拿不下來的。所以，他決定離開家庭保護，離開自己依賴的環境，離開過往智慧和聰明的背景，重新找尋人生的出路。

唯有勇敢面對過往的錯誤，未來的人生才可能是一片坦途。他在以自己理解的方式重新開始，即使沒人要求他，但是他不肯因此輕易地放過自己。

當覺得自己的努力告一段落以後，他便想測試一下努力的成果。麥克唐納先生以行動表示了對哈利的信任，這個舉動，無疑爲哈利打了一劑強心針，使他更有勇氣重新去面對外界的眼光。

工作態度決定你的價值

無論置身的環境如何困頓，無論眼前的工作多麼繁重，只要願意調整自己得心境，學會改變工作態度，我們就會是有貢獻、有價值的人。

什麼樣的人才是偉大的？什麼樣的人才值得尊敬？

有一句廣告詞說：「認真的女人最美麗。」這話讓人認同，其實，不管男人女人，當一個人盡心盡力地去完成自己手上的工作時，所散發出來的氛圍，都會讓人覺得充滿魅力。

艾爾比的年紀大了，走起路來行動顯得緩慢、沉重，但這並不代表他是個等死的老傢伙。嚴格來說，艾爾比工作得比誰都來得賣力，也比誰都熱愛自己的工作。

艾爾比平時以幫人打零工維生，舉凡修理棚架、在冬日裡幫忙管理夏季小屋、釘木窗等等，他都能慢條斯理地完成，而且追求完美。

有一回，艾爾比受顧在村子的路口幫忙蓋一個小垃圾棚架。棚架得分成三個小間隔，每個間隔內放置一個垃圾筒。只見艾爾比就像一位雕刻家一樣，優雅地使用工具，隻手撫過木料，就好像在與木頭溝通。

等到艾爾比將棚架做好時，許多人都讚嘆木工的精美與確實。每一塊木頭都緊密接合，沒有奇怪的突出。每一根釘子都牢牢地固定，沒有不小心打歪的釘眼刺人。棚架的開關處，十分地好開好關，不會有難聽的咿啞聲，也不會有關不上的問題。最後，艾爾比爲棚架均勻上了一層綠色的漆，等漆色變乾，工作就大功告成了。

所有的人都認爲已經很完美了，但第二天，艾爾巴又帶著工具前來，在已經陰乾的棚架表面，再均勻地噴上一層漆，使得漆色更飽滿好看。

這就是艾爾比的做事方式，一點一滴盡全力做到好，絕不隨便馬虎。艾爾比的收入並不高，生活也不算富裕，但是他從不缺工作，也不曾爲工作而辛勞煩悶，總是依著自己的速度與進度進行。識貨的人多半都會來找艾爾比，因爲他們知道，只要是出自他手中的木工、家具，必定都是實實在在、牢牢靠靠的。

我們在這一生中追求財富和享受，以自身的勞力和智慧去換取，但我們究竟是在付出與獲得的過程中，創造了自我的價值？還是只換得口袋裡的鈔票，或是存摺裡的數字？

故事裡的艾爾比，沒有令人欣羨垂涎的財富與名利或榮華富貴，但是他那自由自在的生活哲學，以及執著於自己的每一項工作，如同完成藝術品一般的態度，卻如此令人嘆服。

換一個角度來想，艾爾比又何嘗不是最自由的人呢？他不為金錢所奴役，也不為工作控制，認為自己該做什麼就去做，依靠自己的力量去生活。

那些為了事業與金錢汲汲營營，過勞且耗費心力的人，恐怕還要反過來羨慕艾爾比的生活呢。

美國教育家耶爾．哈法德曾經如此強調：「不計報酬地工作，往往可以從工作中得到更多超乎預料的報酬。」

那份報酬或許就是意指我們能夠眞正體會到，自己絕不是一個無能的人，從勞動筋骨和絞盡腦汁的過程中，證明了自己是個有能力創造的人。

無論置身的環境如何困頓，無論眼前的工作多麼繁重，只要願意調整自己得心境，學會改變工作態度，我們就會是有貢獻、有價值的人。

放鬆心情，才能激發潛能

越是在意執著，越容易把事情搞砸。這時候，若能夠緩下心情、按部就班，反而能讓事情如期順利完成。

有時候，我們爲了解決問題而傷透腦筋，鑽進了牛角尖，怎麼想也想不透；在壓力的影響之下，越想越不明白，越想越參透不了。

此時，如果能夠改變心情，讓緊繃的思緒適度放鬆，說不定反而能夠有突如其來的靈感，甚或是不可思議的能量相助。

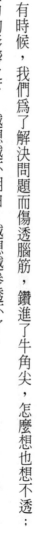

美國賓州大學的希爾普雷西特教授，是著名的楔形文字破譯者。然而，他剛開始探索楔形文字的符號邏輯和演變過程，事實上是困難重重的。他曾經連續好幾個晚上睡不著覺，只爲了想要找出問題的答案。

在他的個人傳記裡，曾經提到自己當時的經驗。

有一回，苦思到了半夜，他實在覺得全身累極了，不得已只好上床睡覺。他不確定自己究竟是在什麼時候睡著的，在朦朦朧朧、半睡半醒之間，他做了一個非常奇怪的夢。

在夢裡，一個年約四十來歲、十分瘦高的人，身上穿著像是古代尼泊爾僧侶的袈裟，帶著他走進一間天窗開得很低的小房間。房間裡有一個很大的木箱子，地上有些散置的瑪瑙與琉璃碎片，看起來像是一座藏寶庫。

而後，那名僧侶開口說話：「你在論文第二十二頁和二十六頁提到有關刻有文字的指環，事實上那並不是指環。克里加路斯王（西元前一三〇〇年左右）曾經送了一些瑪瑙、琉璃製品給貝魯寺院，其中有一項就是上頭刻有文字的瑪瑙奉獻筒。後來，寺院突然接到一道命令，要求僧侶們在一定的時間內交出一對獻給尼布神像的瑪瑙耳環。由於時間太緊迫，寺院裡又沒有足夠的材料，僧侶們只好將瑪瑙奉獻筒一切爲三，其中兩段製成神像的耳環。你以爲是指環的瑪瑙碎片，是其中的一部分。如果你把那些碎片拼合在一起，就知道我所說的事實不假。」

僧侶說完話後便消失了，希爾普雷希特也立刻清醒了過來。爲了避免自己很快地遺忘，便一五一十地將夢裡僧侶所說的話全部轉述給妻子聽。

第二天早上，他到古物遺蹟的現場去察看那些碎片，果然，夢裡那名僧侶所說的全都是眞的。

有一種經驗，相信很多人都曾經有過：想快卻偏偏快不了，越是在意執著，越容易把事情搞砸。

凡此種種，都因爲壓力過高造成的副作用。這時候，若能夠緩下心情、按部就班，反而能讓事情如期順利完成。

就好像在湖裡泛舟，越是快速搖槳，越是容易打滑，反而變成在原地打轉。

如果放輕槳上的力道，切水而入、撥水而行，便能夠順利地前進。

焦慮無法解決問題，把自己逼得太緊，只是徒增壓力罷了。

遇到百思不得其解的問題，何妨放鬆心情，讓潛意識幫你解決？

就好像故事中的希爾普雷希特教授，或許他遇上了神蹟靈異，但也或許他其實已經在解決問題的門前，只是不得其門而入，而他的夢境正是潛意識適時地給予的引導。

美國宗教家諾曼．文生．皮爾如此說道：「當你感到緊張，可能的話，去度個假吧！將你的手錶暫時拋開，在生活中尋找建立和平的小島，並學會儲存一些能夠放鬆自己的能量。」

當你為事情做了萬全準備，卻總差臨門一腳；抑或是，你明明練習了又練習，努力了又努力，卻總是不能成功，你可能如皮爾所說的——太緊張了。

想要破除這種緊張，唯有放鬆。

放鬆心情，給自己更包容的空間，你才有機會看見內在的潛能。

相信的力量，能激發無限能量

印度聖雄甘地曾說道：「我們的信念是不停燃燒的燈火。這不僅僅帶給我們光明，也照亮周圍。」相信的力量，能導引出無限龐大的能量。

擔憂、恐懼、焦慮……等等負面情緒正困擾著每個現代人，如果不設法克服，人就會罹患更多精神疾病。

那麼，要如何清除這些負面情緒，活得幸福快樂呢？

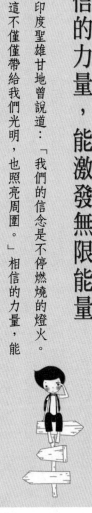

暢銷勵志作家M．J．萊恩在《幸福改造計劃》中提供的答案是：學習積極正面思考，激發自己的潛能。

人的潛能是相當龐大的，有時候只要一點信念支撐就能夠繼續堅持下去。就好像在茫茫大海中，只要有一根浮木攀抓，就可以激發旺盛的鬥志，增加被營救的機會。這就是信心和信念的力量，這就是相信的力量。

巴里、麥克斯、約翰、吉姆四個人，受探險家馬克格夫聘僱當腳夫，一起進入非洲叢林探險。行前，馬克格夫答應要給他們一筆極爲豐厚的工資，他們很高興地答應了。

馬克格夫要他們四個人一起扛著一個極爲沉重的箱子，沿途不管路況如何艱難、天候如何糟糕，都要以箱子爲重。他們私下猜測箱子裡面一定裝有極爲珍貴的寶物，否則馬克格夫不會這麼重視。

可是，很不幸的，在半路上，馬克格夫染上瘧疾，就此長眠在叢林之中。臨終前，他對巴里等四人交代說：「我要你們向我保證一步也不離開這個箱子。如果順利平安把箱子送到我的朋友麥克唐納教授手中，你們將會得到比金子還要貴重的東西。只要能夠做到我的請求，你們一定可以得到。」等到四個人都答應了，馬克格夫才闔眼閉目。

四人將馬克格夫埋葬在叢林裡之後，便扛著箱子上路了。

但是，茂密陰暗的叢林裡，道路越來越難走，有時候連路也沒有，他們只覺得肩上的箱子越來越沉重，氣力也越來越小了。

叢林裡，不時可以看見許多遇難的探險家屍骨，但林子裡雜木叢生，林中小徑錯綜複雜，要是行差步錯，說不準他們也會迷失在這個叢林裡，化爲一堆白骨。他們彼此支撐著對方，因爲他們知道，一旦四個人中任何一個倒下，其他人勢必無法將這個沉重的箱子扛出叢林。在最艱難的時刻，他們不忘相互鼓勵，只要能夠順利將箱子帶出叢林，就能夠得到比金子還要珍貴的東西。

終於有一天，眼前的綠色林木不見了，這意味著他們走出了叢林。四個人精神大爲振奮，連忙找到麥克唐納教授，向他索取應得的報酬。

教授聽完說明之後，兩手一攤：「我不懂馬克格夫在說些什麼，大家都知道我是個窮教授，家裡什麼都沒有啊。或許，箱子裡面有些什麼寶貝吧。」

教授承諾要是箱子裡有什麼寶物，願意與他們四個人一同分享。沒想到，一打開箱子，在場的人全都傻了眼。

裡面根本就沒有金銀財寶，而是一段段的實心木頭。

約翰率先大吼：「這是在開什麼鬼玩笑？」

吉姆也忍不住大聲抱怨：「就是啊，這些木頭根本屁錢都不值，我們被那個傢伙騙了！」

「哪有什麼比金子還貴重的報酬？那個該死的傢伙，我早就覺得他有神經病！」麥克斯同樣發出憤怒的咆哮。

麥克唐納教授面對三個人的怒氣，一時之間不知所措，但他也想像不出好友馬克格夫這麼做的原因。這時，久久一聲不吭的巴里說話了。他說：「好了，你們別吵了，我們確實得到了比金子還貴重的東西，就是我們的性命。」

如果不是那個箱子支撐著他們求生的意志，他們四個人恐怕早就倒下了。

曾經看過一則短篇小說，故事裡描述一個孩子罹患重病，被告知即將不久於人世，因此意志變得消沉，治療也顯得效果不彰。而後，醫生對小孩說：「是的，你的病情很嚴重，等到窗外的葉子掉光，你就的生命也會結束。」

於是，小孩每天醒來都會先注意窗外在葉子的狀況，只要葉子還沒掉光，他就安心地度過這一天。雖然秋天來了，葉子漸漸掉落，但總還有最後一片葉子停留在樹枝上，維繫住小孩的信心。漸漸地，孩子在醫師的治療下逐漸康復。

後來，他才發現，原來最後的那片葉子是假的，是畫上去的。不過是一片葉子，竟有如此大的力量。

印度聖雄甘地終其一生都在致力貫徹他的信念，而且力行不殆，他的成功，是舉世共睹的。他曾說道：「我們的信念是不停燃燒的燈火。這不僅僅帶給我們光明，也照亮周圍。」

相信的力量，能導引出無限龐大的能量。就像故事中的馬克格夫自己雖然永遠出不了叢林，但卻有辦法讓幫助他的四名腳夫順利離開，就是藉由一個沉重的箱子，給予他們求生與希望的意念，激發出無窮的潛能。

互相幫助才能往前進步

每個人的成功都不是孤獨的成就，是許多人合力付出堆積起來的成果。就是因為相互信任、相互幫助，人類社會才能不斷往前進。

美國思想家愛默生曾經說：「一個人抱持怎樣心態，他就是怎樣的人；一個人表現出怎樣行為，他也就是怎樣的人。」

對周遭環境所採取的態度，正是一個人最好的推薦信，如果你想使事情順利地朝自己期望的方向發展，那麼對周遭的人，就要抱持著互相幫助的態度。

如果我們能成功，絕對不是單靠自己一個人的力量，在我們的身後，必定有許許多多的力量支持著。

這世間必然有英雄，但是，英雄的存在與成就，並非單憑一人。

二次大戰時，美軍曾經進駐一個名叫安姆爾的小村莊，但是隨著戰況演變，這個村莊被德軍重重包圍。

那時是冬天，一連下了幾天的大雪，遍地一片白茫茫。想不到，雪停了之後，美軍的部隊反而變得動彈不得。因爲在一片銀白的雪地上，身著淺綠色制服的士兵無疑像彈靶一樣顯著。

美軍指揮官約翰召集了所有的參謀人員舉行緊急會議，會中有人建議以白色的床單作爲掩護。約翰也覺得這是一個不錯的辦法，可是一時之間哪裡找來那麼多的床單，給六百名士兵進行掩護僞裝呢？

他們和安姆爾村的村長連繫，希望能夠請村長幫忙募集，盡可能地收集白色床單。約翰信誓旦旦地承諾：「用完以後很快就會歸還。」

由於安姆爾村曾經多次受到德軍的侵占，村長二話不說便同意幫約翰這個忙，希望美軍能夠成功阻止德軍的行動。不到半個小時，村內教堂的走廊上就堆了約莫兩百條的白色床單。

約翰立刻命人將床單分發給士兵，不過，他很快就發現自己失算了。因爲士兵們一拿到床單，有的撕成方巾、有的裁成細條，有的挖洞套成斗篷，總之，在僞裝行動之後，幾乎沒有一條床單是完好如初的。

經過黎明的突襲，美軍成功阻撓德軍的進勢，可是約翰立刻接到命令將軍隊移調他處。

不到半年，戰爭便宣告結束，約翰從此解甲歸田。至於那些借來的床單，早已隨著軍隊的遷移而遺落四方了。

約翰原本以爲再也不會聽到安姆爾村這個地名，借床單的記憶也變得縹緲遙遠。不料幾年後，他竟從波士頓的報紙上瞧見了記者前往二次大戰戰地做的特別報導。其中，記者訪問了安姆爾村的村民。

小村莊在戰後已恢復了原貌，雖然物資缺乏，但居民們多半安好。有一位村民打趣地對記者說：「如果那個跟我們借床單的美國人能夠把床單還我們就好了，他答應用完就要還的。」

約翰讀完報導，去信報社坦承自己就是報導中言而無信的人，並表示，如果可以的話，他會想辦法還村民兩百條白色床單的。

約翰的信在報上發表以後，不到兩週內，報社收到一條又一條的白床單，還有許多小額支票。許許多多的人在知道了約翰和安姆爾村的故事後，都忍不住慷慨解囊。

隔年冬天，約翰再次來到安姆爾村，帶著他的諾言前來，而村民們也一如當時熱情借床單的情況，聚集在一起接受他歸還的床單。

一個科學家發明了造福人群的器械，他的成功不是他一個人的。如果沒有人幫他將各種生活瑣事照顧妥當，他就不能全心全力地投入發明。

一個醫學家發現了治療嚴重疾病的治療方法，他的成功不是他一個人的。如果沒有團隊裡的其他人員同心協力，如果沒有接受他治療的病人相互配合，他不可能如願開發新療法。

一個優秀的政治家，沒有供他服務的民眾，沒有信賴他的支持者和追隨者，又如何能看得出他的優秀？

每個人的成功都不是孤獨的成就，是許多人合力付出堆積起來的成果。

德國哲學家尼采曾經說：「你助人，然後人助你。這是鄰里之間互愛的原則。」人與人之間，就是因爲相互信任、相互幫助，人類社會才能不斷往前進步，發展至今日的繁榮社會。

幼稚與天真不等於愚蠢

雙親是一個重要的職業，最安全且安心的做法，是把孩子當成朋友、夥伴來對待，父母親就能和孩子相互學習，一起成長。

金凱瑞曾在一部電影中飾演一名顛倒黑白的知名律師，經常放兒子鴿子、說話不算話。結果，他的兒子在生日的時候許願，希望父親永遠不能說謊，而這個願望成眞了。

多少的謊言才會讓一個小孩決定不再相信自己的爸爸？是多少的忽略讓小孩決定自力救濟？這部喜劇背後的意涵，值得成人細細思量。

安德魯三歲的兒子勒克，已經能夠清楚判斷眞實與虛幻。

有一天，電視上播出了美國總統約翰．甘迺迪的生平紀錄片，螢幕上剛好是甘迺迪年輕時在海上駕駛帆船的畫面。這時，坐在安德魯大腿上的勒克仰頭問爸爸：「爸爸，那個人是誰？」

安德魯回答：「約翰．甘迺迪，以前的美國總統。」

勒克又問：「他現在在哪裡？」

安德魯漫不經心地說：「他死了。」

沒想到勒克顯得非常激動，很快地抗議：「他沒死，你看，他不是還在比賽帆船嗎？」

安德魯對兒子的反應感到有趣，只好耐著性子解釋，但是勒克始終目不轉睛地盯著他看，彷彿想要從他的表情中判斷這些話是眞的還是假的。

勒克狐疑地問：「他眞的死了？他的一切都死了嗎？」

勒克一臉正經的模樣，讓安德魯忍不住想要發笑，但是他還是裝出嚴肅的表情說：「是的。」

勒克把注意力放回電視螢幕前，沒多久就又回過頭來問：「那他的腳死了嗎？」這下安德魯可忍不住了，哈哈大笑起來。

從此之後，勒克開始留心生死這個問題，每次父子兩人到樹林裡散步時，勒克會特別去留意樹林裡死去的小昆蟲、小動物，而安德魯也藉著這個機會對兒子進行生命教育。

安德魯對兒子說：「大部分的人認為，人在身體死亡以後，還有一個部分仍然活著，那就是靈魂。雖然我們的眼睛看不見，但是我們的心感受得到，這種情況稱之為『懷念』。」

儘管安德魯認為對一個三歲小孩來說，這樣的話題可能太深奧了，但勒克卻聽得津津有味。

一年半以後，勒克的曾祖母過逝了。在守靈夜，曾祖母家裡來了許多賓客，都是前來緬懷她的親友。安德魯牽著勒克的手，也來到曾祖母的棺木前，見曾祖母最後一面。

勒克盯著曾祖母的遺體一會兒，然後輕聲地說：「爸爸，那個人不是老奶奶，老奶奶根本不在裡面。」

安德魯問：「那她在哪兒呢？」

勒克很自然地回答：「她在別的地方和人說話呢！」

安德魯蹲下來看著兒子，說：「爲什麼你這麼認爲？」

勒克嚴肅地說：「我不是認爲，我是知道。」

父子兩人相視一陣，而後勒克又說：「爸爸，這就是懷念嗎？」

安德魯欣慰地摸摸兒子的頭，輕聲說：「是的，這就是懷念。」

有些人不太知道要怎麼和小孩子相處，要不就是避而遠之，要不就是努力裝幼稚、裝白癡，好讓自己去理解小孩在想什麼、說什麼。

可是，小孩子其實也有自尊的，他們雖然年紀小，思緒還不成熟，但絕不是笨蛋，也不喜歡被當成笨蛋對待。他們或許天眞，什麼都會相信，可這並不表示他們喜歡被人欺騙。

前述故事中，安德魯雖然總忍不住讓兒子勒克的天眞童語給逗笑，但很可貴的是，他能夠以平等的態度來和兒子溝通。沒有蓄意做假與欺瞞，也沒有無禮的輕蔑與不屑，所以，他的兒子勒克能夠自發思考，學習處理生活裡的種種人生課程。

蕭伯納曾經直言不諱地說：「雙親是一個重要的職業。但是，從來沒有人為孩子進行這個職業的適性調查。」

孩子不能選擇自己的父母，爲人父母者，也不一定受過良好的職業訓練。因此，最安全且安心的做法，是把孩子當成朋友、夥伴來對待，父母親就能和孩子相互學習，一起成長。

5.
PART

遇上困境，不妨換個角度省思

跳出問題的框框，
以客觀的角度去琢磨不同的情境，
我們就能重新面對過往以為的絕境，
並找到新的出路。

別讓壓力壓扁你

順其自然，反而能讓事情順遂完成。求得太過、想得太多、標準太嚴格，多半徒增自己的壓力，不能成就任何良好的結果。

在氣球裡不斷灌氣，氣充久了，氣球便承受不了。把氣球裡的氣洩掉是個不錯的方法，但若是能將排除氣體的動作轉換成上升的動能，那麼這股能量將能得到更好的發揮。

不論身體或心理遭遇到問題與狀況，一味地逃避和推拒，抑或視而不見、刻意忽略，都只會讓問題變得更爲嚴重。

正面迎視問題，往往會是最佳的解決辦法。

有一位年輕人來到動物園，想要應徵馴獸師的工作，特別是想要待在照顧獅子的單位。這個要求很不尋常，動物園的人事主管便特別詢問他想得到這份工作的理由。

想不到，年輕人的回答令人覺得相當不可思議。他說：「醫生說我罹患了一種神經緊張的疾病，如果再放任下去，很有可能會精神崩潰。唯一的治療方法是去找一份高度緊張的工作，讓我可以暫時忘記對其他事物的恐懼。」

就是因爲這個理由，他才會來應徵這一份在他看來最危險的工作。經過幾番測試、面試之後，這位年輕人成了一位相當出名的馴獅師，而他神經緊張的疾病也日漸痊癒。

從這個例子來看，解除神經緊張最好的方法，就是去處理需要神經緊張才能解決的問題。當精神壓力有了恰當的抒發出口，壓力就不會造成個人身心負面影響，反而能夠成爲一種推進的動力，讓人徹底發揮出自己的潛能。

現代的人不管想不想、懂不懂，都會蓄積不少的壓力，卻不見得知道應該要如何去排解，讓自己恢復平穩的狀態，因此產生許多心理疾病。

求好心切，是一般人都會有的反應，但是，有時候順其自然，反而能讓事情順遂完成。求得太過、想得太多、標準太嚴格，多半徒增自己的壓力，不能成就任何良好的結果，何妨用平常心看待？

歌德這麼說過：「焦急於事無補，後悔更加於事無補，前者會增加錯誤，後者會產生新的後悔。」

所以，不要對眼前的任務太過心焦，因爲毛毛躁躁反而容易亂中有錯；不要沉緬於過去犯下的錯誤，因爲把眼前工作完成才是當務之急。不要讓焦急和後悔平白無故地增加壓力，就能夠表現出應有的實力。

心中有愛，就該讓生活更精采

真正彼此關心疼愛的人，不會以死亡來牽絆對方。真心的喜歡，是希望對方活得幸福，活得快樂，不論自己是不是能夠同享。

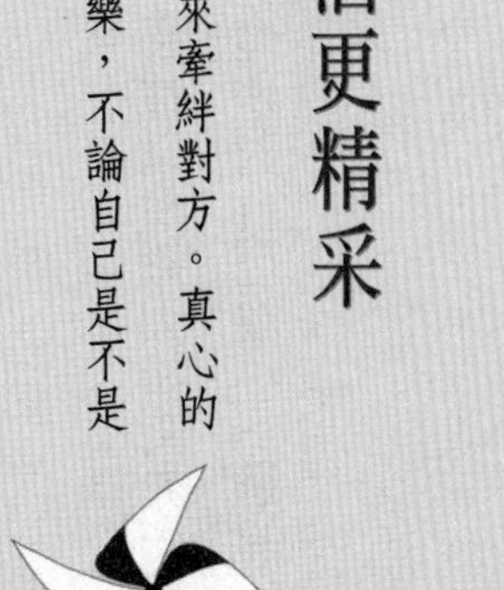

人的生命總有盡頭。人的一生，最有意思之處，在於我們不會知道生命的盡頭在何處。或許是在遙遠的未來，或許就在下一瞬間。

既然人生有限，人與人之間相處的時間有限，那麼，爲什麼要耗費我們有限的時間相互爭吵、批鬥、排擠呢？爲什麼總將財富、物質、名利之類的事放到生活的最前端呢？

有一對老夫婦，結縭數十年，感情一直相當好。但是，在老先生病重之後，分別的時刻終於來到了。

老先生在臨終時對妻子說：「答應我一件事。」

老太太緊握著丈夫的手，說：「我答應你，什麼事都答應你。」

老先生以最後的氣力對老太太說：「答應我，妳會好好地活下去，快樂地活下去。」老太太只能含淚點頭，目送丈夫離世。

一日早晨，她站在院子裡發呆，望著一輪紅日冉冉從地面升起，看起來是如此鮮活、明亮，嶄新得如同新生的嬰兒。四周的景物都漸次地被鍍上了一層耀眼的金芒。

老太太的心被打動了，這畫面多美，那種以前每天和丈夫一同欣賞日出時的感動，似乎又重回乾涸的心靈。老太太輕輕地對自己說：「是的，我要好好地活下去，要繼續快樂地活下去。」

第二天起，老太太買來畫筆、畫紙，然後開始把自己的所見所聞在畫紙上記錄下來。從七十多歲開始，過往從沒學過畫畫的老太太，日日夜夜地作畫，一直到她去世爲止，共完成了一千六百多幅畫作，畫作裡的生命力，鮮活地令人動容。她在自己的自傳中寫道：「我很快樂，也很滿足。我用我的生命去完成我的所能。生命是用來創造的，過去是這樣，未來也是這樣。」

故事中的老先生和老太太，幸運地能夠相陪走過一段好長的旅途。他們是彼此最佳的同行夥伴，一起度過許許多多的美好片段，但是，再如何不甘心、不情願，人生旅程總是有人先走完，先下車。留下來的人，縱然有再多的不捨，也只能選擇接受。

在梁山伯死後跟著赴死的祝英台，固然留下了淒美的結局，但是，如故事中的老太太一般，認眞且眞心地活過餘下的日子，不是更有意義？

眞正彼此關心疼愛的人，是不會以死亡來牽絆對方的。如果你眞心喜愛一個人，你會希望對方終日以淚洗面，痛苦萬分嗎？真心的喜歡，是希望對方活得幸福，活得快樂，不論自己是不是能夠同享。

大仲馬寫過十分動人的一段話：「我們相愛太深，所以，從我們要分手的這個時刻起，我的靈魂一直要伴隨著你，跟你在一起；你的靈魂也伴隨著我，跟我在一起。你悲傷的時候，我會覺得我的心也充滿了悲傷。你想起了我，微笑的時候，你要知道，我會看到你那愉快的笑容。」

若兩個人真心誠意地相愛，愛到結髮牽手、彼此不分，那麼，再遠再久的分離，也不過是一段小別，終有重逢相聚的一天。

不會做夢的人最可憐

人生有夢，才能築夢踏實。假使連一個小小的夢想都不想去奢望、祈求，人生實在再可悲不過。

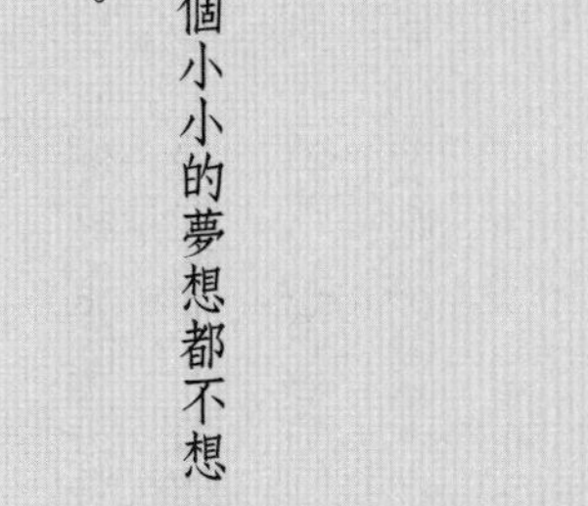

人生當然不應該一味地沉浸在夢幻裡面，總是得面對生命裡的各種現實情境。

但是，一個人如果連做夢都不會，豈不是太過無聊了？

不管心裡存有什麼樣的夢想，只要它仍然在我們的心裡運作，我們就有更多勇氣面對明天的生活。

安德莉亞是個愛做夢的小孩，在她的同伴夢想以後成爲老師或秘書的時候，她的夢想是成爲一個電影明星。親友們全都認爲她太愛做夢了，夢想不能當飯吃，總有一天得要清醒，過現實的生活。

但是，安德莉亞並不這麼想，她決心要追求自己的夢想。所以，她一成年，就決定要前往夢寐以求的羅馬生活。

她總是自信滿滿地對朋友說：「我深信我將會遇到一個英俊的義大利王子，我們將會瘋狂地相愛。」

這番話當然受到不少的訕笑，但是她不以爲意。

她來到羅馬之後，擔任一戶人家的褓姆，每天都會帶著照顧的小孩外出散步。其中，她最常去的地方是特雷維噴泉。

據說，在這個噴泉裡擲入一枚硬幣，日後便能重回羅馬，扔兩枚硬幣則能夠找到眞愛。安德莉亞已經在這座噴泉裡花上一大筆錢了，因爲她每回經過噴泉池，都會投入兩枚硬幣，然後認眞祈求自己能夠早日找到眞愛。

她寫信告訴朋友這件事，朋友還特地回信要她別傻了，不如把錢存下來，還可以貼補一些生活花費。但安德莉亞依舊堅信自己的夢想，一味執著。

有一日，她又對著噴泉擲錢幣、祈禱。這時，有兩位兩輕人注意到她，其中一位走過來問她：「妳是觀光客嗎？看來妳真的很想回到羅馬，不然就不會扔兩枚硬幣了。」

安德莉亞望著那位淺褐色頭髮的年輕人說：「一枚硬幣是爲了返回羅馬，兩枚硬幣則是爲了找到眞愛。」

那名年輕人頗有興味地問：「妳想在度假的期間找到眞愛？」

安德莉亞回答：「我住在羅馬，我喜歡羅馬。我一直夢想著能在這裡與某個人墜入愛河，我相信我一定能夠找到我的眞命天子，我更相信我的夢想總有一天會實現。」

三人相談甚歡，還一同去喝了咖啡。後來，安德莉亞才知道，原來和她說話的年輕人馬塞羅，正是羅馬足球隊的職業球員，而且是位足球明星。

安德莉亞和馬塞羅陷入熱戀，並且很快地結婚了，婚後育有三名子女。安德莉亞想要看遍世界、找到眞愛的夢想，幾乎已經實現了一大半。

當一個人懷有希望，信念就會成為行動的推進力。

安德莉亞的夢，在許多人看來或許不切實際的白日夢，但是對她而言，那是她每一天生活結存下來的利息。依靠著這份利息支撐，她就能夠積極地面對眼前尚不完美的人生。

沒有人能夠肯定地告訴你我，我們的夢能不能夠像安德莉亞一樣成真，但是，只要我們始終朝著夢想和希望前進，一點一滴地累積自己的力量，那麼，我們至少能夠逼近內心的夢想。我們會不斷地前進、不斷地攀升，在新的立足點上重新編織更美更好的夢想。

人生有夢，才能築夢踏實。假使連一個小小的夢想都不想去奢望、祈求，人生實在再可悲不過。

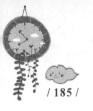

遇上困境，不妨換個角度省思

跳出問題的框框，以客觀的角度去琢磨不同的情境，我們就能重新面對過往以為的絕境，並找到新的出路。

生命中有些困境，就像大雨中的泥淖，當我們不小心陷落進去時，總不免神經繃緊，感到難以忍受。這時該怎麼辦？繼續停留在原來的位置，勢必會不斷加重這樣的情勢，直到壓力加磅至臨界點。如果不試著改變自己的心情，轉移注意力與焦點，我們將會被情緒全盤主宰，甚或會失去原本的判斷力。

經過又一次的發怒，這一次薇若妮卡眞的決定離家出走了。

她提著皮箱，一路往車站走去，心想自己這下終於自由了，再也不會有誰在她耳邊管東管西，東唸西唸，不許這、不許那。她終於成爲自己的主宰，高興去看電影就去看電影，高興上館子就上館子，再也不用等這個人回應、聽那個人的意見了。

薇若妮卡一邊走著，一邊說服自己——自己做了再正確不過的決定。

忽然，她覺得背後好像有什麼聲音，可是再仔細聽卻又聽不到了。她疑心了一下，停下腳步，把皮箱換到另一手提著，卻沒有勇氣往後看，加緊腳步繼續朝車站的方向走去。

好不容易，看到車站的燈光了。薇若妮卡喘著氣在椅子上坐下，整個偌大的車站，此時此刻，除了她竟沒有半個旅客。她把皮箱拎在身側，渾身打了個哆嗦，仰頭一看，原來下雪了。

薇若妮卡這才發現，自己竟然連一件外套也沒帶，此刻皮箱裡除了幾件換洗衣物和一點旅費以外，什麼也沒有，連想拿件衣服出來禦寒都很難。

第一次，薇若妮卡覺得自己的決定好像不是那麼聰明了。

想了好一會兒，雪越下越大，凍得全身發抖的薇若妮卡倏地站起身來，拎起皮箱就往來時的路上走。一邊走，一邊細碎地唸著：「我幹嘛讓那個傢伙待在火爐邊看電視，而自己跑出來吹冷風？要走也是他走，我幹嘛自討苦吃？什麼自由、什麼離家出走嘛！冷死了！」

走著走著，她突然害怕了起來，因爲剛才的怪聲音竟然又出現了，而且好像越來越靠近。

「會不會是熊呢？還是野狼呢？我的天啊！老公啊，你在哪裡？我好怕哇！」薇若妮卡完全止遏不住自己的想像，於是害怕地狂奔了起來。

一邊跑著，一邊聽著自己如雷的心跳聲，但那個怪聲依然緊緊相隨。眼看家門就在前方，薇若妮卡還來不及放下心來，就感覺到有個影子閃過，她立刻大叫：「老公！救命啊！」

一個熟悉的聲音從她背後傳來，「怎麼啦？我在這兒，別怕！」

薇若妮卡轉身撲進丈夫懷裡，感覺到丈夫溫暖有力的手緊緊抱住了她，這才漸漸平復了下來。她囁嚅地問：「你怎麼會在……」

丈夫回答：「我一直跟在妳後頭。」

經過幾秒鐘的沉默，薇若妮卡開了口：「幫我把皮箱提進去吧。」

跳離原本被困住的問題與情境之後，總算讓薇若妮卡重新去思考自己本身的感受，以及真正想要的結局。當你的生命遭遇困境，如果能夠抽身而退，跳出原本的窒礙，回頭再看，很多問題可能都不再是問題了。

不要讓自己的眼界、視界範圍縮小，將焦距拉得過近，我們有時反而看不清全貌。在這樣的情況之下，做任何判斷與決定，都是一種沒有把握的冒險。

俄國作家羅曼諾索夫曾說：「為了能夠做真實和正確的判斷，必須使自己的思想擺脫任何成見和偏執的束縛。」

跳出問題的框框，以客觀的角度去琢磨不同的情境，我們就能重新面對過往以爲的絕境，並找到新的出路。

善用觀察傾聽，有助釐清思緒判斷

茫然於未來，或是為眼前的困境苦惱，先別急著抓狂，冷靜下來觀察周遭的情況和自身的狀況，相信很快就能找到因應的方法。

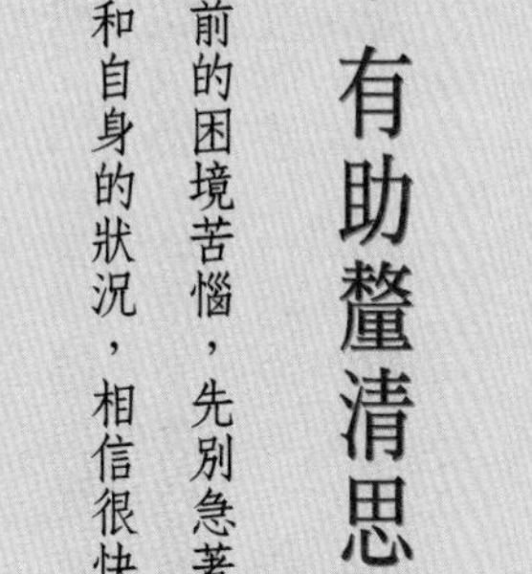

不管是夏洛克．福爾摩斯，還是名偵探柯南，他們高竿的推理本領，總是讓人看得嘖嘖稱奇。甚至只消和他們進行十分鐘的談話，他們就可以猜出對方大致的生活概況，不管是從事什麼樣的職業或是有什麼樣特殊的習慣，都可以判斷得奇準無比。

有些人被路邊的算命仙叫住，很快就因爲算命仙口中道出種種關於自己的想法給嚇了一大跳。很難相信算命仙不過將自己的手掌翻來覆去瞧了幾遍，就能夠把身邊的事情說出十之八九。

眞的有那麼神奇嗎？其實，名偵探和算命師使用的技巧都一樣，就是用眼睛觀察、用耳朵傾聽。只要問對了問題，就可以直達眞相的核心。而後再運用邏輯推理與歸納，將所獲得的各種資訊加以整理，自然就能說出許多藏在表相下的答案。

在美國有一個很受歡迎的節目，透過主持人的提問回答，讓現場的觀眾猜猜看來賓是從事什麼樣的職業，猜中者可以獲得大獎。這個節目播出二十幾年來，收視率都居高不下。

艾琳是節目的忠實觀眾，但是讓她很懊惱的是，每一次她都猜不中來賓任職的行業到底是什麼，甚至很難從回答當中聽出蛛絲馬跡。

一直猜不中讓她感覺有點沮喪，於是磨著經常猜對的老公，問他到底有什麼秘訣。最後，她老公被煩得沒辦法，只好說：「我也不知道有什麼秘訣啦，不過有一件事我覺得很重要，就是，一定要在來賓說話的時候仔細地聽。仔細傾聽，可以聽出很多訊息來。」

後來，艾琳依著老公的建議去嘗試，果然比較能夠掌握來賓在回答主持人提問時候的一些特殊的反應，猜測來賓的職業，命中率就因此高了許多。

自從傾聽發揮效用以後，艾琳發現了許多因此而帶來的好處。

有一回，她和一名老太太在雜貨店聊天，知道對方因爲關節炎即將遠行到某一個溫泉勝地度假兼療養，回家後就烤了一點餅乾糕點讓老太太帶走，一路上可以塡塡肚子。當時老太太臉上欣喜和訝異的表情，讓艾琳久久不能忘懷。而老太太度假回來時，竟特地爲她帶來十分珍貴且少見的紀念品，更使她覺得受寵若驚。

一點點小小的關心和善意，一點點小小的留意和付出，竟能獲得如此大的回報。自此以後，艾琳更加堅定要善用自己的耳朵，專注留心傾聽，在能力範圍內貼心爲他人設想。

艾琳相信，透過傾聽，她將能從別人的話語之中得到更多。

雖然，大部分的人都擁有正常的視力與聽力，但是，事實上，真正耳聰目明的人並不在多數。想要心想事成，就必須先調整自己看待事物的心情。

很多時候，我們雖然在看、雖然在聽，但卻流於聽而不聞、視而不見，可能看不見父母子女低落的心情，也可能聽不見情人心底的抱怨。

事實上，每一件事情都是有跡可循的，只要我們用心去看，用心去聽，我們就能夠如同故事中的艾琳，發現更多、了解更多，也就能夠在待人處事的過程中得到更多。

法國作家羅曼．羅蘭說過：「應當細心地觀察，為的是理解；應當努力地理解，為的是行動。」

經過仔細傾聽與觀察，而後深入地去理解，我們的行動也就能夠得到更加明確的方向。當我們茫然於未來，或是爲眼前的困境苦惱，先別急著抓狂，試著調整自己的心情，冷靜下來觀察周遭的情況和自身的狀況，相信很快就能找到因應的方法。

引導比責罵更有效

首先稱讚對方的優點，然後再慢慢道出他的缺點，如此效果會來得好一些。把這個方法用到公司、工廠或家庭，都能收到效果。

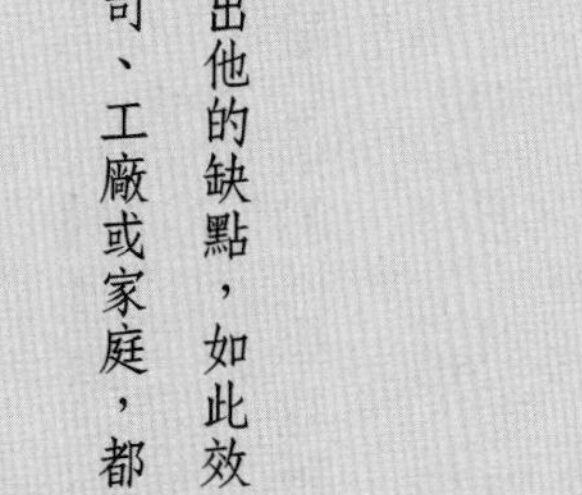

日常生活中，很多讓人惱怒的事情，實際上都是可以透過調節心情加以化解的。教育孩子也是如此，動不動就生氣，就像提著汽油滅火，只會擴大事端。

大多數經常斥責孩子的父母，除了修養不好之外，還常常忽略了引導的重要性，因此才會搞不清楚狀況就大發雷霆。

孩子通常喜歡誇張的表達方式，誇張的目的，有時候是爲了吸引大人的注意，但也有些時候是爲了轉移焦點或是規避自己犯下的錯誤。

如果成人不能耐著性子把孩子的話聽完，以引導的方式讓他們把心裡的話說出來，恐怕會不慎做出錯誤的判斷。

有一天下午，三年級的瑞格爾無精打采地放學回家，一進家門就對著母親抱怨。他高聲地吼叫著：「哼，我們老師壞透了，她今天對我很兇，像個巫婆一樣罵我，眞的讓我很生氣，明天起，我再也不想上她的課了。」

他的母親正在準備晚餐的菜餚，聽完後靜靜地看了他一眼：「是啊，老師大聲罵學生確實不太好，讓你在同學面前丟臉，難怪你這麼生氣，沒有一個小孩喜歡被罵的。」

瑞格爾覺得媽媽果然是站在自己這邊，一時間激動不已，竟然讓忍了許久的眼淚掉了下來，而且越哭越傷心。

他的媽媽又問：「老師只罵你嗎？還是有別的同學也被罵了？」

「亨利也被罵了。」

「這樣啊，亨利向來是個很懂事的孩子，他一定也忍不住氣哭了吧？」

「沒有，亨利沒有哭，喬依絲哭了。」

「怎麼會這樣？喬依絲也挨罵了啊？」

「不是。今天下午我抓到一隻好大的七星瓢蟲，本來想放在書包裡，結果亨利拿去偷偷放在喬依絲的口袋裡，上課的時候，瓢蟲爬了出來，喬依絲就在教室裡大哭大叫起來。」

瑞格爾的媽媽故意說：「我看老師是罵錯亨利了，一隻七星瓢蟲有什麼了不起？喬依絲會不會是故意哭叫的？」

瑞格爾連忙說：「不是啦，喬依絲本來就特別怕小蟲，我跟亨利說別放在她口袋，但是他不聽。」

「哦？那你想放在哪裡？」

「我要放在班克羅的書包裡，他不會那麼怕，就不會那樣叫了。」

「這樣啊，你抓到蟲就是爲了想捉弄同學嗎？」

「只是想開個玩笑嘛，誰知道亨利會讓喬依絲嚇得哭叫起來。」

「我想，要是你們不在這個老師的課上玩，大概就不會被罵了。」

「嗯……要是數學老師的課，恐怕會被揪著耳朵罵，那更慘。」

「這樣說起來，你們就是看準『巫婆』老師不會對你們怎麼樣，所以才放心大膽的玩囉？」

瑞格爾支吾地說不出話來，最後只能不好意思地低下頭來。

潛能專家戴爾．卡內基說過這樣一段話，他說：「首先稱讚對方的優點，然後再慢慢道出他的缺點，如此效果會來得好一些。把這個方法用到公司、工廠或家庭，都能收到效果。不管是對妻子、對小孩、對雙親，甚至對全世界的人，都是讓人聽得進去的。」

顯然，瑞格爾的媽媽便是善用此招的箇中高手。

她先以同理的態度，站在瑞格爾這邊，完全附和瑞格爾的話，讓他自己將事情的本末原原本本地道出，而後再從他的證詞之中，找出問題的癥結點。其中最高明之處，莫過於她從頭到尾沒有一句重話，而是利用引導的辦法，讓瑞格爾自行體會出事情的是非對錯。

在孩子的心裡面，其實自有一種道德判斷規準存在，他們知道什麼是對、什麼是錯。如果成人過於高壓強勢，執意要他們順從，有的時候，小孩子的反抗心會因此被燃起，自然容易造成親子間的衝突。

成人在處理兒童問題時，最忌諱以成人的霸權心態施壓，不聽孩子說話。千萬別急著罵孩子，而是多引導他們自己思考是非對錯，如此才能眞正讓正確價值觀念在他們心中成形。

真正的愛情，沒有固定形式

真正的愛情沒有固定的形式，兩顆心能夠不斷貼近，兩兩相依才是最核心的價值。

常有人說：「有愛的婚姻才是眞幸福。」

婚姻是種形式，任何人只要彼此簽下結婚證書，舉行婚禮儀式，便是世人認同的夫妻。但是愛情不同。愛要如何觀察？又要如何鑑定？婚姻裡的愛情，又是什麼模樣？

有一首歌這麼唱：「也許你覺得卿卿我我，才能表示情深意濃，所以你說我忽冷忽熱、難以捉摸；兩情若已是天長地久，何必在乎朝朝暮暮？問你是不是真心真意與我同行，且共度白首。」

有些愛情，是無須刻意去說的。

費爾德有一次提起自己的父母時，這麼說：「小時候，我覺得自己的爸媽和別人家的父母都不一樣，他們彼此之間從來沒有什麼親暱的話語，也沒看見他們相互親吻，我總不免猜想他們是不是感情不好。要是有一天他們倆離婚的話，我該怎麼辦？」

說到這裡，費爾德話鋒一轉：「可是，十歲那一年的夏天，讓我改變了原本的想法。那一天，突然打雷下起大雨，雨水下到把河堤都沖垮了，整個村莊立刻變成水鄉澤國。我很快就被抱到閣樓上躲好，那時停電了，四周黑洞洞的，我又冷又怕，於是攀上窗沿，想要看看爸爸媽媽在哪裡。一陣閃電劈了下來，照亮了院子，我看見爸爸媽媽站在洪水浸漫的院子裡，媽媽一手抓著爸爸的衣服，一手抱著一窩從倒塌的雞棚裡救出來的小雞；而爸爸則一手摟著媽媽的肩膀，一手抓著一隻剛生下來的小羊。」

費爾德將目光放遠，遙想似地說：「那個畫面我永生難忘，我覺得，那是我看過最親愛的一對夫妻了。他們彼此依附著彼此，在風雨之中相互依賴、相互支持，告訴這個世界，沒有什麼事能夠將他們分開。」

有些人日復一日地想要追尋自己的眞愛，同時爲自己的愛情設下高度的標準，認爲眞正的愛情應該如何纏綿悱惻，又如何可歌可泣。可是，那些電視劇裡的愛情故事就是愛情的所有樣貌了嗎？那些來自於其他人的浪漫史和際遇經驗，就是理所當然的愛情模樣嗎？

所有的男孩都該在雨中癡心等待女孩開窗？所有的女孩都該在男孩渾身汗臭時遞上手帕毛巾？所有男孩女孩都應該到世界中心去呼喊愛情？

不論現今有過的愛情故事有多少種面貌，你的愛情都可以是全新的另一種。

正如同故事裡的父母，他們的言行沒有一般親密夫妻該有的舉動，但是，他們把全副的心思都放在對方身上，將對方視爲自己一生中最重要的存在，事實上，這就是一種極致深刻的愛情表現了。

你的情人不會談情說愛嗎？你的戀人總是不解風情嗎？如果有一天，你的愛人變成了傳說中的戀愛達人，就什麼問題都沒有了嗎？

眞正的愛情沒有固定的形式，兩顆心能夠不斷貼近，兩兩相依才是最核心的價值。別再流於形式主義了，這輩子，我們要致力追求的是「愛」，而不是「愛情的樣子」。

英國詩人伯朗寧曾寫道：「把愛拿走，我們的地球就變成一座墳墓了。」或許我們眞正該在乎的，不是別人該如何來愛自己，而是自己可以如何去愛人。

別人禮遇的，只是你的頭銜

沒有永遠存在的權力，與其緊抓著頭銜不放，倒不如好好地修養自己；如此一來，你能得到的，會遠比頭銜給你的還要多。

現實生活中，有很多人因爲自己的頭銜很高，就因此而目中無人，以爲每個人對他的禮遇和尊重是理所當然的，可是一旦卸下了這個頭銜，以往的尊重和禮遇就全都不見了。

這時，他們才落寞地發覺，別人眞正尊重的，其實只不過是他的頭銜而已，並不是他本身。你也曾經有過這樣的失落嗎？

古時候有一位大將軍，因為替朝廷立了許多戰功，非常受皇帝倚重、信任，權勢也很大。

在他八十大壽的時候，家人特地邀請了許多賓客一起為他祝賀。壽筵上，有人問大將軍說：「請問將軍，在您這一生當中，有沒有最值得回憶的事？」

所有的賓客都以為，大將軍會將某一場功勳卓著的戰役視為一生中最值得回憶的事。沒想到，大將軍思索了一會，卻回答說：「我這一生最值得紀念的一件事，應該是有一年的午後，我穿著便服外出散步，走到橋頭的時候，遇到了一個小女孩。」

賓客們聽到這裡，紛紛猜測接下來一定會有出人意表的發展，並且認為那個小女孩絕對不是普通的人物，不然怎麼會讓這位威震天下的大將軍留下那麼深刻的記憶？

聽了賓客們的猜測，大將軍笑著搖搖頭說：「你們都猜錯了，她不過是一個普通人家的小女孩而已。」

大家聽了更好奇了，心裡納悶著一個普通人家的小女孩，怎麼能令大將軍如此記憶猶新呢？大將軍慢慢說道：「這個小女孩只不過是希望我帶著她過橋而已。」

看見賓客們一頭霧水的樣子，大將軍對賓客們解釋：「當我穿著將軍的官服時，每個人都對我畢恭畢敬，不論走到哪裡，大家都對我百般禮遇。可是那一天，我就像個普通百姓一般，穿著尋常的便服，走到人來人往的橋頭，那個小女孩還是選擇了我帶她過橋。這表示，就算我不是大將軍，仍然能夠得到別人的信任，這是我終生引以爲傲的一件事！」

如果每個人都能夠放下自己矜持的身段，用平常心對待周圍的人，毫無疑問的，這個世界一定會變得更美好。日常生活中，設身處地爲對方著想，用適合的方式對待，如此一來，我們才能讓對方感受得到善意，也才能讓彼此的關係更和諧。

不管是多威風的排場，多顯赫的頭銜，總有一天會因爲時間的變化而褪色，因爲使頭銜發光發亮的是別人，最後使它褪色的也是別人。

由歷史上的種種例子，我們可以得知，世界上沒有永遠存在的權力，人生舞台上也沒有永不退場的演員。與其緊抓著頭銜不放，或者試圖透過頭銜贏得別人敬重，倒不如好好修養自己；如此一來，你能得到的，會遠比頭銜給你的還要多。

太過偏執，會看不清事情的真面目

偏執使人盲目，使人看不清事情的真面目。做任何事情，過與不及都不是好事，應該用心靈的眼睛觀照周遭。

執著是成功的必備要素，但若是太過於執著，心中就會形成強烈的執念，反而會造成失敗。

因爲，人要是太過執著，就會變成固執，在問題發生的時候，看不清楚問題的癥結，也會在應該斷然做決定的時候，錯過當機立斷的時機，成爲失敗的重要原因。

有一個人是非常虔誠的佛教徒，有一次費盡千辛萬苦，找到一位隱居在深山的禪師，問他：「請問大師，到底什麼是佛？」

禪師笑著回答：「你就是佛。」

那個人聽了禪師的話，大吃一驚：「我只是一個凡夫俗子而已，怎麼敢認為自己是佛呢？」

禪師娓娓向他解釋說：「你會有這種想法，是因為你有一個『我』的觀念從中作梗。既然有了『我』的存在，就跳脫不了『我執』，就不能超越自己，所以你不知道自己就是佛。」

那個人聽了禪師的解釋似懂非懂，又問：「既然如此，那麼請問大師，您呢？您是不是佛？」

禪師聽了，原本慈祥的笑容轉為嚴肅，說道：「施主，你為什麼要那麼偏執呢？有了『我』的觀念就已經不是佛了，現在又加上了一個『你』，那不是離佛更遠了嗎？」

人生最大的困境，就在於我們不願放下那些困住自己的偏執。

該放下的時候就放下，加諸於我們身上的那些枷鎖，如果不能用積極快樂的心情解開，就會動輒和自己嘔氣，漸漸遠離原本屬於自己的幸福人生。

偏執使人盲目，使人看不清事情的眞面目。

做任何事情，過與不及都不是好事。從這個角度而言，「學會放下，活在當下」不但適用於個人的修養，也是現代社會很好的處世哲學。

做人做事應該用心靈的眼睛觀照周遭，如果能先跳脫出「我執」的觀念，那麼更開闊的人生前景也就指日可待了。

6.
PART

充滿信念，就能渡過難關

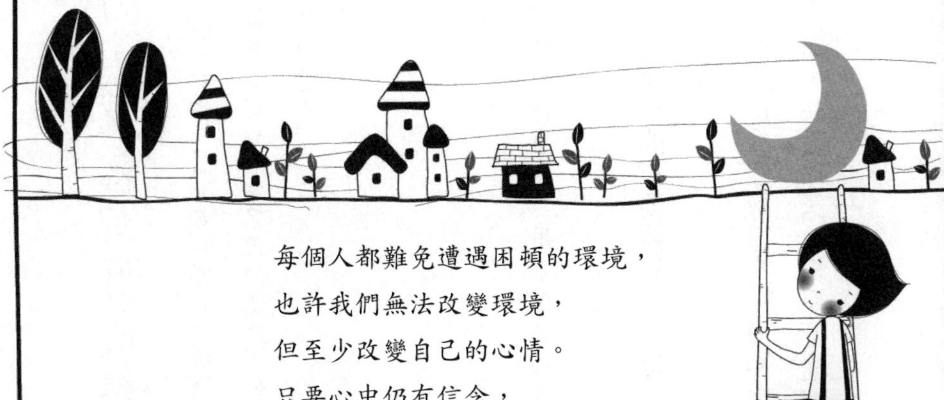

每個人都難免遭遇困頓的環境，
也許我們無法改變環境，
但至少改變自己的心情。
只要心中仍有信念，
人生總有可祈求的希望存在。

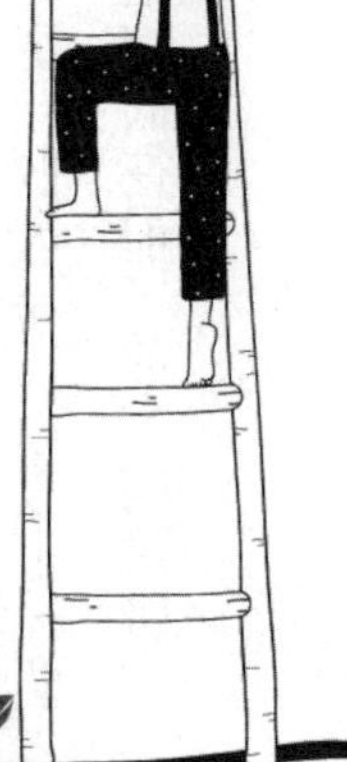

拿出決心和毅力，就會有好成績

一個有決心、有毅力的人，不會畏懼眼前的困局和種種不如意，他的眼睛裡只看得見目標和通往目標的道路，他會像火車頭一樣拚盡前力地向前奔馳。

作家西里曾經寫道：「同樣一件事情，用不同的心情去面對，最後所得出來的結果，通常會大相逕庭。」

確實，心情是決定事情成功與否的重要關鍵，心境一旦改變，事情就會朝不一樣的面向發展。

眼前的困境並不可怕，可怕的是猶豫徬徨的心境。當一個人爲自己設定一個目標，指出一個人生衝刺的方向，一鼓作氣，鍥而不捨地向往前，前方的障礙物多半會選擇自動讓路。

想要達到成功，就要讓旁人瞧清你的決心和毅力，證明自己是不可動搖的，唯有如此，別人才會反過來協助你。

查爾斯是世界知名的大力士，他曾經在螢光幕前表演徒手拉動一輛重達七十二噸的鋼車，令在場所有的觀衆嘖嘖稱奇。

體魄健美的查爾斯，被譽爲「全球肌肉最健美的人」，還有媒體讚譽他具有「海克力士和阿波羅融合而成的眞正古典體魄」。在法國的瑪恩河畔，甚至有以他爲模特兒雕塑而成的古典塑像裝飾，可想而知他健美的身材，受到各界如何的重視。

查爾斯本名安古羅．西昔連諾，出身於紐約市布魯克林區的貧民窟，父母是來自義大利的移民。十六歲以前，他並沒有大力士的影子。相反的，根據形容，他是個「體重九十七磅（約莫四十四公斤），臉色蒼白、膽小如鼠的小個子，常常受人欺負」。

但是，一趟博物館之旅，卻改變了他的命運。

在一個星期六，安古羅和一群孩子在課程的要求下，一起去參觀布魯克林博物館。一行人隨著領隊來到神話人物塑像的展覽區，安古羅被這些精緻的雕塑像迷住了，其中阿波羅和海克力士的塑像，更是讓他看得目不轉睛。

根據領隊的解說，大家才知道，原來這些神像都是以希臘的運動健將爲模特兒雕塑而成的。

結束參觀行程之後，安古羅迫不及待地將報上連載的一套體操圖解動作剪下來，貼在牆上。他決心以此來鍛鍊自己的體魄，期望有一天能和那些希臘的運動健兒一樣健美。

安古羅的決心果然面臨了種種嘲笑和羞辱，許多人笑他不自量力，有一次，他和一個街頭混混起爭執，結果慘敗，嘲笑的聲浪更是不絕於耳。

但是，安古羅並不就此放棄，他一次又一次苦練體操，後來還發展出一套獨特的健身術，局部鍛鍊身體的每一塊肌肉。總算皇天不負苦心人，安古羅身上的肌肉開始結實、有力，線條也變得更美。

他正式改名爲查爾斯，一連參加好幾項健美比賽都屢獲佳績。

安古羅改變了自己的命運，從此，再沒有人敢嘲笑他是「弱雞」和「膽小鬼」，他以毅力和氣魄向世界證明了自己的價值。

英國詩人彌爾頓曾說：「心靈有它自己的地盤，在那裡可以把地獄變成天堂，也可以把天堂變成地獄。」

如果你用悲觀消極的心情面對問題，再如何簡單容易的事情，也會變得困難。如果懂得用積極樂觀的心情去面對問題，那麼，再如何複雜困難的事情也會心想事成。這個世界沒你想的那麼黑暗，很多事情也沒你想的那麼困難，只要你願意改變。

想要改變，就必須下定決心！法國作家大仲馬說得極好，他說：「當你拚命要完成一件事的時候，你就不再是旁人的敵手，或說得更正確些，旁人不再是你的敵手了。不論是誰，只要下了這種決心，將立刻覺得他的精力加強了十倍，眼界也擴大了。」

一個有決心、有毅力的人，不會畏懼眼前的困局和種種不如意，他的眼睛裡只看得見目標和通往目標的道路，他會像火車頭一樣拚盡前力地向前奔馳，任何阻礙在面前軌道上的障礙，都只能選擇退避。

只要有決心、有毅力，目標又明確，人生將無事不能成。

做好自己應該做的事

偉大，並不是做了多麼了不起的事，而是做好自己該做的事。當任務的完成必須以自己的性命做為交換，能夠盡忠職守的人，就顯得偉大了。

一名英雄完成一項偉大的任務，雖然肯定能夠得到許多人的佩服，但也有許多人會認爲他們的成功是理所當然的。

相較之下，平凡的人物當中，有時也會出現令人嘆服的行動，當這種時刻發生，往往更容易使人感動。

偉大的行動，看起來或許相當困難，但是，就算是平凡人，在必要的時刻，只要做好自己應該做的事，同樣也能讓人動容。

在二次大戰時，德軍曾經一連好長的一段時間，對英國進行轟炸。當時英國的主力軍隊正參與聯軍行動，在歐陸與德軍對抗，而守衛英國本土的任務，大部分都交付在民兵身上。

約克·伊凡斯是其中一位民兵。由於不佳的視力與孱弱的身體，無法參軍，只好加入民兵訓練，當然，以他的實力，很難在軍隊中獲得什麼樣厥偉的功績，不過他一直盡職於自己的崗位。不管是急救昏迷人士，或是在轟炸過程引導民衆進入防空洞躲避……等等，他都盡力完成。

伊凡斯和許許多多的民兵民衆一般，都是平凡人，都是戰爭中微不足道的人物，原本根本不可能留名。但是，在伊凡斯死後，不只獲得了一枚獎章，更有許多人前來參加他的葬禮，爲他的死亡感到嘆息，爲他的勇敢表示敬意。

這中間，有一段感人的故事。

那一夜，輪到伊凡斯值夜，他看到遠處有閃光，立刻打電話通報民防指揮中心。但是，指揮中心的指揮官並沒有放在心上，反而覺得他神經緊張、大驚小怪，於是伊凡斯只好重新回到自己的崗位上。

不料，他才一踏出電話亭，就有一顆炸彈落了下來。他連忙閃避，結果並沒有爆炸聲傳來。伊凡斯剛開始鬆了好大一口氣，以為那是一顆未爆彈，但是，仔細勘察之後，發現那顆炸彈並不是不會爆炸的啞彈，而是一枚巨大的定時炸彈。他沒有多想，立刻回到電話亭裡向指揮中心的長官報告，而後依照長官的指示，要求附近的居民盡快撤離。

伊凡斯廣播通報民眾避難之後，沒有離開炸彈現場，而是忙著疏散附近的行人，在炸彈威脅的區域圍上繩子，禁止閒雜人等靠近。

除此之外，他還在四周不斷大喊：「有炸彈，快離開！不要逗留！」以沙啞的嗓音勸離好奇觀望的民眾。一直到炸彈爆炸的那一刻，伊凡斯都沒有離開，他以自己的性命保護了周遭所有的人的性命。

作家羅曼．羅蘭曾經爲人生下過如此的註解，說：「人的生涯幾乎都是一種長期的受難。或是悲慘的命運，把他們的靈魂在肉體與精神的苦難中折磨，在貧窮與疾病的鐵砧上鍛熬；或是目擊同胞承受無名的羞辱與劫難，而生活為之戕害，內心為之碎裂，永遠過著磨難的日子。他們固然由於毅力而成為偉大，也由於災患而成為偉大。」

從這個觀點來看，伊凡斯和被他的義行所拯救的許多人都同樣偉大。

伊凡斯在昇平之世裡，可能只是無數平凡人中的一位，連偉大的邊都沾不上；但是在紛爭戰亂的時代，即使是平凡人，也能夠做出極不平凡的事來。

偉大，並不是做了多麼了不起的事，而是做好自己該做的事。盡忠職守，聽起來簡單得很，每個人只要完成自己的任務就成了，沒有什麼了不起。但是，當任務的完成必須以自己的性命做爲交換，能夠盡忠職守的人，就顯得偉大了。

伊凡斯把他認爲該做的事完成了，是這種精神，成就了自身的偉大。

充滿信念，就能渡過難關

每個人都難免遭遇困頓的環境，也許我們無法改變環境，但至少改變自己的心情。只要心中仍有信念，人生總有可祈求的希望存在。

文學家托馬斯．曼曾經這麼說：「人生中最美好的東西應該是希望，而不是現實。儘管希望是那麼虛幻，至少它能領導我們從一條愉快的道路上走完人生的旅途。」

信念能夠帶來力量，從古至今已有無數實例佐證。當人的心得到了溫暖的慰藉，人的身體與精神，將能因此生出力量。

在二次大戰時，有一個位在蘇門答臘東海岸的日軍集中營，裡頭塞滿了被擄來的戰俘。集中營裡的戰俘，有些被關了幾個月，有些則幾乎算不清已經被關了多久。糟糕的環境以及差勁的飲食，使得疾病與虛弱徹底地襲擊了他們的身體，對於生命的絕望，更嚴重折磨著他們的精神。

隨著戰事延長，日軍停止提供戰俘飲食，日復一日地挨餓，使得每一個戰俘都面臨了生存危機。他們變得什麼都吃，如果有人幸運抓到蛇或老鼠，就算是豐盛得不得了的大餐了，大部分的時候他們都得忍受饑餓，哪怕是草根木屑，也得逼自己吞下去。

有個戰俘身上藏了一根蠟燭，每當餓得受不了的時候，就咬下一小口。吃蠟燭在平時聽起來匪夷所思，但是在這種時候，有蠟燭可吃就該偷笑了。

他答應同樣是戰俘的朋友安德魯，保證會留下一小截給他。儘管兩人友情深厚，但安德魯還是免不了會擔心，到最後他說不定會一個人吃下整根蠟燭，一丁點也不分給別人。然而，就算他眞的這麼做，安德魯也不能說什麼，畢竟人不爲己，天誅地滅嘛。

情況越來越困難，可以吃的東西越來越少。那一日，那名戰俘在牆上畫下一道痕跡，然後感歎地說：「今天是耶誕節，希望明年耶誕節我們能夠回到家過節。」他的話引起了不少人的嗤笑，也引起許多人的嘆息。沒有人知道希望在哪裡，沒有人知道明天會如何，他們甚至不曉得自己能不能撐過今天。

他取出了一直藏在懷裡的蠟燭，仔細地端詳著。安德魯一直看著他的動作，心想，他大概打算把那截蠟燭吃了吧，只希望他還能記得之前的諾言，能把答應給的那一小截給自己。

但是，那名戰俘並沒有將蠟燭送進嘴裡，反而站起身來，走近守衛，請求守衛爲他將蠟燭點燃。

他將點燃的蠟燭放在牢房中央的地板上，然後輕輕地哼起耶誕歌。

安德魯哽咽到說不出話來，回想起上一次看到耶誕燭光的時刻，距離現在是如此地遙遠，心忍不住劇烈地跳動起來。安德魯來到朋友的身旁，以沙啞的聲音輕輕地跟著哼唱。漸漸地，其他的人也圍靠了過來，儘管行動因爲身體虛弱而變得緩慢，但是每個人的神情彷彿都像是重新活了過來一樣。

那一點小小的火光，慰藉了他們疲憊的身軀、苦痛的精神，爲他們重新帶來了新的希望，得以在心底告訴自己，堅持下去，一定還能重見光明。

丹麥的諾貝爾文學獎得主西格里德．溫賽特說過一句話：「信仰堅定的人一刻也不會迷失方向，他的靈魂將衝破煉獄的烈焰，直奔天堂極樂。」

地獄是如此可怕，沒有人喜歡自己身處在地獄裡，然而，已然處於地獄之中的人，該怎麼辦呢？

當人類開始分隔派系、相互爭鬥的時候，地獄就一點一滴地被建造出來了。身在相互攻訐、不是你死就是我亡的境地中，高貴的情操與心中的善念都慢慢淡薄。甚至，忘記我們還是人，只想分出高下，只想將對方趕盡殺絕。

但是，只要有一枚良善的火種被適時地點燃，就能夠喚醒我們殺紅眼之前的殘餘理智。

故事中，安德魯的朋友如果將蠟燭一口呑下，抑或是違背諾言，完全不分給安德魯，恐怕也不會引來什麼樣的批判，畢竟爲求生存不擇手段，也是人性的本能之一。可是，他沒有這麼做，而是決心燃燒了那根蠟燭。

功利主義的人或許會認爲他很蠢，因爲點燃蠟燭除了得到一陣火光，什麼也沒有，蠟炬成灰之後還是得餓肚子。然而，燭光卻讓人得到了溫暖以及對未來的希望。不論明天環境還會變得多險峻，撐得下去的人就不會放棄。

每個人都難免遭遇困頓的環境，也許我們無法改變環境，但至少改變自己的心情。當你的生活陷落，儘管身心飽受折磨，只要心中仍有信念，仍存信心，人生總有可祈求的希望存在。

喜歡自己，展現自己的魅力

一個人確實知道自己是個什麼樣的人，可以做什麼樣的事，才能發揮一個人存在的價值。

生命中總會有陰影出現，面對陰影，哀怨悲嘆是無用的，像鴕鳥一樣躲進陰影裡，只會讓生命充滿陰霾，你必須做的是，積極地想辦法重見光明，人生才有璀璨的前景。

環境本身惡不惡劣並不能決定我們快樂或不快樂，重點是我們如何看待自己，又用什麼心境面對自己所處的環境。

適時改變自己的心態，放下內心那些偏頗、自怨自艾的想法，人生才有開闊的出路。只要不再自卑，不再怨懟，你就能走出陰霾，不讓自己繼續沉陷痛苦和挫折之中。

第二次世界大戰結束之後，美國大兵強斯頓光榮返鄉。

他在戰爭中受了腿傷，行走不便的腿上，佈滿了各式疤痕。國家頒授的徽章雖然帶給他榮耀，但對他而言，最幸運的事還是能夠離開戰場，而且他的腿傷並不致於影響他最喜愛的運動——游泳。

腿傷恢復到一定程度後，他便不需要再經常進出醫院了，醫生也建議他經常去游泳，因爲游泳是一項很好的復健運動，對於他的腿傷有相當大的幫助。

於是，在一個風和日麗的星期天，強斯頓和太太一起到海灘度假。

下水游過幾趟後，強斯頓回到沙灘上享受日光浴。但不久之後，他開始感到有點不自在。

沙灘上許多人來來往往，強斯頓發現大家都在看他，注視著他滿是傷痕的腿。

過去，他很少爲自己的腿傷感到不自在，他並不特別覺得自己微跛的腿有什麼奇怪。但是，在沙灘上，光裸的腿失去衣服的遮掩，那些坑坑疤疤的傷痕，看起來似乎特別刺目。

到了下個周末，當太太再次提議到海邊游泳時，強斯頓拒絕了，他有點自卑地說：「與其到海灘上去，我寧願留在家裡。」

他的太太聽了，回答：「我知道你爲什麼不想去，但是，我想，你其實誤會了你腿上那些疤痕的意義。」

強斯頓只能顧左右而言他，但是他的太太卻堅持繼續說下去，她說：「強斯頓，你腿上的疤痕是勇敢的象徵，是勇氣的徽章。爲什麼要想盡辦法把它們隱藏起來呢？你應該要永遠記得自己是如何英勇地得到它們，而且要驕傲地帶著它們，不論去到何處。」

強斯頓聽了，心中充滿感動，看見太太支持的目光與笑容，內心有了一番省思，決心以不同的想法去看待自己的腿傷與疤痕。

想了許久，他對太太說：「走吧，我們一起去游泳。」強斯頓相信，在他和太太的彼此支持之下，他們未來的生活將會有更好的開始。

人類是很奇怪的動物，我們不希望失去個體的獨特性，卻也不希望自己變成異類；我們希望自己是特別的，但又不想要變得太過特別。

鶴立雞群雖然更顯出那隻鶴的卓爾不群、出類拔萃，但同時也顯現出那隻鶴與群雞之間的格格不入。

強斯頓是特別的，畢竟一般人多半不會滿腿傷疤，然而，一般人也不見得能如他在戰場上立下光榮的功績。這才是強斯頓眞正的特別之處。

強斯頓的妻子想要提醒他的，正是這麼一回事。身爲一個擁有光榮功勳又有滿腿傷疤的特別人物，首先必須要了解自己的特別之處，同時也看重自己異於常人之處，必在乎世俗庸人的眼光？換個心情，了解並且接受它們，畢竟每一項特別都屬於自己。

每個人都應當爲自己的特殊感到驕傲，不必爲外在形貌過於介懷。

諾貝爾文學獎得主羅傑．馬丁．杜．伽爾這麼說道：「不要自負，也不要謙虛。認識到自己強而有力，才能真正強而有力。」

人生旅程最重要的一件事就是喜歡自己，展現自己獨特的魅力。

一個人唯有確實知道自己是個什麼樣的人，可以做什麼樣的事，才能發揮自己存在的價值。

從害怕中培養適度的勇氣

「無知」有時候反而是一種幸福，因為不知道，所以不覺得恐怖，不覺得害怕，也不覺得討厭。

有一句話說「初生之犢不畏虎」，剛出生的小牛，什麼都不知道，也就什麼都不怕，就連大剋星老虎在眼前也不懂得閃避。

簡單地說，害怕是一種學習來的能力，由於知道了未知可能會爲我們帶來危險，所以產生恐懼感，進而排斥危險的行動。

有個孩子在餐桌上一邊吃飯一邊對父母說起今天下午的經歷，他說：「我找到了一個鳥窩！」

雖然孩子說得興高采烈，但是父母並沒有特別地回應他，附近有一片小樹林，有鳥築巢不是什麼了不起的事。

母親對孩子鼓勵地笑了笑，表示聽到了，父親則頭也不抬地繼續吃飯。於是，孩子自顧自地繼續說著下午的發現。

他說在放學回家的路上，突然看見一隻金雀鳥從松樹梢上飛出來，他跟著跑了一會兒，終於在某棵樹上發現了一團黑黑的東西。他很高興地往上爬，爬到一個高度，沒有辦法踩踏，只好抱著樹，一點一點往上移動。再繼續往上，只能靠手抓握樹枝，因爲樹幹的枝椏變得細長，也有點輕軟。

好不容易爬到鳥窩所在的樹枝上，窩裡有一顆蛋，他高興地拿了起來。

或許是因爲他手掌的熱度，或許是他呼出的熱氣，剛剛好，蛋裡的小鳥破殼而出，他開心地輕輕吻了小鳥一下，然後把小鳥放回巢裡。然後他從樹上爬了下來，迫不及待地想要回家告訴爸爸媽媽這件事。

孩子的父母聽完他的描述，驚訝得說不出話來。他們不敢想像，在孩子爬樹的過程中，一旦有任何差池，他們將可能再也看不到自己的孩子坐在餐桌旁，興奮地訴說各種新發現。

餐桌上的氣氛變得凝重且嚴肅，但孩子興奮的情緒還沒能平復。

明天他可能會開始被限制行動，被迫學習面對所有危險時應有的正確反應，但是現在他的腦海中只看得見那初生的小鳥在自己手心裡的模樣，以及當時心中滿溢的感動。

「無知」，有時候反而是一種幸福，因爲不知道，所以不覺得恐怖，不覺得害怕，也不覺得討厭。

事實上，大部分人的負面情緒，都是透過社會化學習而來的。

因爲看到別人皺著眉頭吃葡萄，就覺得那串葡萄必定難吃至極，因此連碰都不會想碰，更不用說放進嘴裡了。因爲覺得用手吃飯很髒，便覺得使用衛生筷吃東西安全得多，殊不知看起來衛生的衛生筷，可能藏有各式各樣的細菌，還不如洗乾淨的雙手。

沒有親身嘗試或體驗，我們其實不知道眞正的感受爲何，所有的感覺都是觀察別人的反應來判斷的。

好笑的是，有時候明明自己有感覺，卻因爲和別人的反應不盡相同，甚至選擇不相信最直接的感官經驗。

到著名的拉麵店裡，明明食不知味，卻還是大聲地說好吃極了；坐在電影院裡觀賞名片，明明覺得有看沒有懂，出來卻說眞是一部感人的好片。

社會化至終極境界，就是人因爲知道太多而變得虛僞。

孩子的天眞或許會使他們逼近危險，但是，內心的純眞卻也讓他們眞實地貼近生活，依靠著自己的感官去經驗這個世界，體會各種不同的滋味，進行自我的學習課程。

無須太過於著急與擔心，因爲孩子們該怕的，總會學習得到，而該從害怕之中體悟並形成因應的勇氣，早晚也會被訓練出來。

人與人相處，以誠意為基礎

人與人之間的相處之道，其實真的很簡單，你以誠意待人，別人就以誠意待你，如此而已。

最擅長做生意的生意人，不是只曉得從顧客的口袋裡挖錢的人，而是懂得和顧客交朋友的人。

前者爲了賺錢，可能什麼事都做得出來，不管是哄抬價錢或是降低品質，唯一的目的就是提高自己的利潤。但是，如此做法，一旦顧客覺得自己被欺騙、被欺負、被壓榨，就絕對不可能再上門光顧。

沒有人想當一再受騙的二百五，也沒有人喜歡被當成笨蛋看待。

一個懂得和顧客交朋友的人，才是眞正能夠永續經營的人。一旦深獲顧客的信賴，回流率與推介率也會相對增加。不爭眼前的蠅頭小利，建立與顧客之間的良好情感連結，自然有綿延不絕的巨大商機。

在美國喬治頓市有一家服裝店，店裡有位女店員名叫布拉姆頓，就深明「爲顧客設想」的道理。

比方說，有一天服裝店裡來了一位年輕女子，一進門就說：「我想買一件最炫、最搶眼的禮服，一定要讓甘迺迪中心廣場前的每個人，看到我連眼珠子都要掉出來！」

布拉姆頓聽了，以專業誠懇的態度對那名女子說：「沒問題，我們店裡有全市最炫、最擅長的禮服。不過，那些衣服是爲沒有自信心的人而準備的。」

那名女子立刻皺眉，說：「妳這話什麼意思？」

布拉姆頓不慌不忙地回答：「您不知道嗎？一般來說，人會想要穿這樣的服裝，多半是用來掩飾他們的自信心不足。」

女子聽了布拉姆頓的解釋並沒有展露笑顏，反而怒吼：「哼！我可不是缺乏自信心的人！」

布拉姆頓說：「請您別急著生氣，不管您要什麼樣的衣服，我都能幫您找到，但是您何不想想，您爲什麼唯有穿這樣的衣服到甘迺迪中心廣場去，才能讓衆人的眼珠子掉出來？難道您不能不靠衣服而靠自身的美好特質去吸引人嗎？依我看，您的氣質和風度都顯示出您擁有美好的內涵，爲何要用華而不實的衣服遮掩起來呢？難道您眞的不在乎當旁人停下腳步來看您時，看到的只是您的衣服而不是您本身嗎？」

那名女子咬著唇摸著衣料，思索了好一陣子，終於開口說：「是啊，妳說的對，我幹嘛要花大筆錢，只爲了買別人一句『妳的衣服好漂亮』的評語？謝謝妳給我的建議，那我今天就不買了。」

旁人或許覺得布拉姆頓是個呆頭鵝，沒事把生意往門外推，平白錯失一個賺錢的好機會，但是，布拉姆頓並不這麼認爲，她反而覺得能夠把最恰當的衣服賣給最適合穿的人，才是做生意最重要的原則。

事實證明，布拉姆頓是對的，因爲服裝店並沒有因爲她的「不願賺錢」而關門，反而生意越來越好。有許多被她推出門的客戶，最後都又回來找她，因爲他們知道布拉姆頓將會給予最恰當的服裝建議，不會硬推銷他們買一大堆根本派不上用場、穿不出效果的衣服，此外，他們也都願意介紹親朋好友來光顧布拉姆頓的店。

英國教育學者洛克認爲：「了解的目的有二：一是增加我們本身的知識；二是使我們能將那知識傳給別人。」

布拉姆頓的知識，不是用來佔人便宜的，而是要拿來與人誠意交往的。這種做法讓她不違背自己的良心，同時也塑造出更專業的形象，使她更值得人信任。人與人之間的相處之道，其實眞的很簡單，你以誠意待人，別人就以誠意待你，如此而已。

太相信表面，就容易被矇騙

重要的事物，是眼睛看不到的。不論人事物，都不能只看表面現象，兒要進一步用心推究本質。

有一句話說：「眼見爲憑。」好像不管什麼事，非得透過兩隻眼睛親眼見證才能作數。然而，很多時候，我們要是只相信眼睛所代表的眞實，不用推究，說不定將可能失之毫釐、差之千里。

更多時候，人會被先入爲主的印象蒙蔽，導致識人不清、識物不明，一不小心就可能鬧出笑話。

就像魔術就是利用視覺的障眼法，表演許多看似神奇的把戲。要是我們一味以爲眼睛所看見的就是眞的，實際上我們正在被自己的眼睛欺騙。

有一位大將軍，在某次戰役中獲得了空前勝利，成功登陸原本爲敵軍所占據的小島。將軍來到島上視察，發現小島中央塑立了一座高達好幾公尺的銅像，銅像的底座周圍則由一圈整潔的鐵欄杆圍著，在烈日之下，映照得金光閃耀，讓將軍看得目眩神迷。

將軍當下決定，要把這座銅像帶回國去，當做此次戰役的紀念品。於是，他命令屬下找來吊車，想辦法在不損壞外表的情況下，將銅像運到船上。

由於將軍一再叮囑務必小心，千萬不要粗魯地讓銅像受到損傷，士兵們自然如臨大敵一般謹慎地執行任務。儘管有不少士兵覺得帶一座這樣大而不當的銅像回去，實在不是一個好主意，但沒人敢開口表達自己的意見。

操作吊車的士兵首先察覺不對勁，因爲，原本預期要耗費一些時間才能舉起的銅像，居然輕輕鬆鬆就被吊了起來，感覺上還有點搖搖晃晃的。

銅像置放在棧板之後，所有的士兵全都圍了過來，許多人都「咦」了一聲，露出納悶的神色。原來，讓將軍見獵心喜、視若珍寶的銅像，並不是眞正用銅製作的，而是木頭做的，只是外表塗上一層銅色罷了。仔細一看，塑像的根部甚至已有了些腐爛的情況。

一時之間，士兵們面面相覷，誰也不知道該如何向將軍報告這個事實。但是在場的每一個人想到戰功顯赫、威名鼎鼎的將軍，竟然會被塑像的外在表相蒙蔽，全都忍不住地笑出來。

人是視覺性動物，相信眼睛遠超過相信其他感官。有時候，明明自己心底覺得怪怪的，但是只要眼睛瞧不出問題，就以爲一切都是胡亂猜想，進而忽略其他的各種感覺。

斯文的外表就一定是個翩翩君子嗎？臉色紅潤就一定是個活潑少女嗎？睫毛長翹就一定脾氣不好嗎？刻板印象，正是幫助眼睛欺騙我們的最大元兇。

就好像故事裡的將軍，一見到金光閃閃的塑像，就覺得一定是值錢的寶物，想要佔爲己有，不細加探索的結果是鬧了大笑話，不只失了面子、眼光，還突顯了自己的貪婪本性。

法國作家聖．艾修伯里在《小王子》裡這麼說過：「如果沒有用心看，就會看不清楚。重要的事物，是眼睛看不到的。」

不論人事物，都不能只看表面現象，而要進一步用心推究本質。一旦失去了清明澄清的本心，我們將看不到表面底下的眞正本質。

口耳相傳，就是隨人瞎掰

明明是子虛烏有的事，卻被說得像是煞有其事；明明是芝麻小事，卻被渲染成天下大事。這就是傳聞的可怕。

曾經有一個綜藝節目很愛玩的遊戲，先讓藝人們分別戴上耳機，然後要求每一個藝人含著水說話，看看一句話能否正確地傳達到最後一個人。

透過這個遊戲，我們不難發現，在傳話的過程當中，如果訊息不夠完整，將會被不同的人曲解成各種不同的結論。因此，口耳相傳到最後，往往會誇大、誇張到令人難以想像的地步。

據說有這麼一個笑話，在一個軍營裡，營長對值班的軍官說：「明天晚上八點鐘左右，這附近可以看到哈雷慧星，這種慧星每隔七十六年才能看見一次，相當難得。所以，傳令下去，明天晚上所有士兵穿上野戰服到操場上集合，我將爲大家解釋這個罕見的天文現象。如果下雨的話，就改在禮堂集合，我會播放一部慧星的影片。」

於是，值班軍官立刻執行命令，向連長報告：「根據營長命令，明晚八點，七十六年出現一次的哈雷慧星將在操場上空出現。如果下雨的話，就讓士兵穿著野戰服前往禮堂，這個罕見的現象將在那裡出現。」

連長聽了表示理解，而後對排長下令：「根據營長命令，明晚八點，非凡的哈雷慧星將身穿野戰服出現在禮堂。如果操場上下雨的話，營長將下達令一個命令，這種命令每隔七十六年才會出現一次。」

接著，排長對班長說：「明晚八點，營長將帶著哈雷彗星在禮堂中出現，這是每隔七十六年才會有的事。如果下雨的話，營長將命令哈雷彗星穿上野戰服到操場上去。」

班長對士兵說：「明晚八點下雨的時候，著名的七十六歲的哈雷將軍將在營長陪同下，身穿野戰服，開著那輛『彗星』牌汽車經過操場前往禮堂。」

再繼續說下去，哈雷慧星不知道還會和營長發生什麼誇張的事行。

有時候，我們自以爲理解別人在說些什麼，但是事實上卻是一知半解。當我們在重新傳達的時候，又會由著自己的想法加油添醋，結果，「吐出鵝毛般的血絲」傳到後來，便會變成「吐出一隻鵝」來。

在說八卦和聽八卦的同時，我們能深切體認到人類的無窮創造力和想像力。明明是子虛烏有的事，卻說得像是煞有其事；明明是芝麻小事，卻被渲染成天下大事。這就是傳聞和流言的可怕。

正所謂「謠言止於智者」，若是不想要變成傳聞接龍中的一份子，最好的方法就是在聽到傳聞的時候，不立刻全盤相信，抱持著懷疑的科學態度，仔細檢驗傳聞的眞實性。此外，那些連自己都覺得太過誇張的言論，就別輕易地幫忙散播出去。

奧地利作家茨威格曾說：「頭腦和心靈最忌空虛，一空虛就會盲目，就會人云亦云，做出種種讓人訝異不已的荒唐事情。」

我們要當個有智慧的人，而不是當一個人云亦云的人。

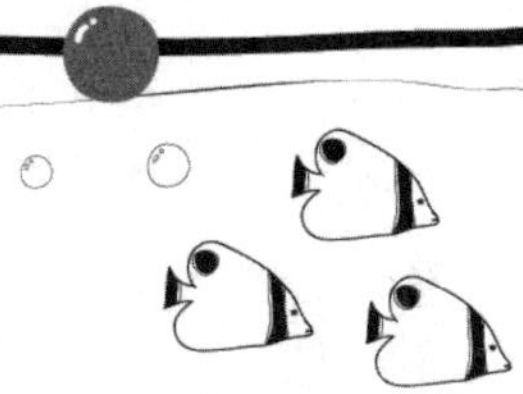

放下懊悔，才有成功機會

現下要把握的還很多，
我們該做的便是放下懊悔的心情，
正面迎向未來，
認真省思、修正自己的弱點，
讓自己更積極地邁步向前。

放下壞情緒，就能找到出路

只要在人生的道路上，懂得放下苦悶的心情，願意冷靜下來轉念想想，生活自然越走越充滿希望活力。

無論是工作或是生活本身都是極純粹的，之所以充滿困厄、煩惱、計較和不滿，全是自己造成的。不少人因爲對生活抱持悲觀的想法，總偏著頭「構思」生活該是悲傷、困厄和煩悶，所以就得出眼前的悲慘生活！

眼前困頓、愁苦的心情都是自己編造的，怨不得別人。如果你一點也不想過這樣的生活，現在就把心念調整，讓腦袋時時充滿趣味的生活畫面，也時時用喜樂的心情帶動自己的人生觀感。

如此一來，眼前的生活對你而言，即便是困境，走著走著也朝向順境，艱辛揮汗時也會露出歡欣笑容。

「師父啊！我們現在待的這間公司一點也不懂得用人，我們兩個人又老被同事欺負，唉，您知道我們有多痛苦嗎？我們是不是該辭掉這份工作呢？請您給我們一點指點吧！」兩位信徒向老師父問了同樣的問題。

兩個人安靜地等著老師父開示，老師父卻緊閉著眼睛，一句話也不說，等了老半天，才簡單地給他們六個字：「不過是一碗飯！」然後便揮了揮手，示意他們離開。

這答案十分含糊，但是看到老師父不想多說，他們只得各自回家領悟。

幾天之後，兩個人分別得出了結果，其中一個人遞了辭呈，返家種田，另一個則決定待在公司苦熬。

轉眼十年過去了，回家種田的信徒，以現代化的技巧經營農業，積極將品種改良，並以商業化的行銷方式推廣自家的產品，終於受到人們肯定，還成了當地的農業專家。至於另一個留在公司的信徒，情況也不錯的，他忍住脾氣，努力學習，慢慢受到公司器重，最終坐上了經理的位子。

這天，兩個人再次遇上，農業專家對著經理說：「老師父給了我們同樣的六個字，其實我一聽就懂了。不過是一碗飯嘛！何必苦困難過？轉念一想，便覺得不必勉強自己待在那裡，於是我便辭職了。」

經理點了點頭，表示肯定，這時農業專家卻反問他：「怎麼你爲何沒聽老師父的話呢？」

「我聽了啊！師父說『不過是一碗飯』，不必生氣，不必埋怨！轉念一想，不過混碗飯吃嘛！老闆說什麼就是什麼，然後我便不再賭氣，不再計較，事情不就解決了？」經理笑著說。

專家一聽，也肯定地點了點頭，於是兩個人相約一同去看老師父，當他們向老師父提起這件事時，依然等了半天才得到老師父回應，也依然只得六個字：「不過是一念間！」

作家喬治．桑曾經說：「瞋怒的心情，經常會使小過變成大禍，讓自己從有理變成無理。」

確實如此，心情好壞往往決定事情成敗，無論面對任何事情，必須切記先將自己的心情處理妥當以後，再處理事情，千萬別讓心情影響自己所做的任何判斷或決定，才不會造成事後懊悔不已。

對你來說，眼前橫擺的，眞的只是「一碗飯」的問題嗎？還是有著其他更讓你困惑爲難的問題？

生活、工作中，無論遇到什麼情況，重點其實不在那一碗飯的考量上，而是老師父的最後一句話：「不過一念間！」

無論是遇到困難，還是人事紛爭，想走出難關，想遠離是是非非，一切關鍵便在於我們的「一念」，只要能時刻往正面方向思考，眼前的是是非非便成了無聊小事，轉念便忘。

至於遇到的困難，心念一轉，便也成了生活中最美妙的插曲，也成了我們精采生活的最佳題材。

雖然農業專家和經理得出的結果不同，但是他們的那一念間，卻有著共通的體悟：「一切關鍵都在自己，問題的癥結在於多數人只知道抱怨，卻始終未能自省；只要敞開胸懷，就能勇敢面對生活中的一切困厄和不順。」

想塡飽肚子不難，只要在人生的道路上，懂得放下苦悶、忿恨的心情，願意冷靜下來轉念想想，生活自然會在每一次轉念後，找到新的出路，並且在人生道路上越走越順暢快樂，也越走越充滿希望活力。

替自己的人生調出快樂的顏色

無論世界怎麼變化，社會如何現實殘酷，只要不迷失自我，不放縱情緒，能自信展現自己，自然能帶動身邊的人們充滿希望活力。

習慣埋怨環境差的人，其實所有怨懟都是對著自己而發的，看似責怪世界社會的不公，實則隱著對自己不足的煩惱和不滿。

每個人所擁有的環境原本都是塊淨白無瑕的紙張，世界該是怎樣的面貌，自己想有個什麼樣的社會環境，全看自己怎麼執筆彩繪。

想有個歡樂氣氛的世界，就跟著你的想望去調色，然後世界自然會展現出你想要的繽紛色彩。

一個十六歲的少年向一位長者問道：「請問，我要怎麼才能成為一個自己快樂之外，還能帶給別人快樂的人呢？」

長者笑著說：「眞難得，你年紀輕輕便有這個想法，多少人到老還想不通這件事呢！好孩子，讓我送你四句話吧！」

少年點了點頭，安靜地聽著。

「首先，就是把自己當成別人。你要不要說說看這句話的含義？」長者親切地引導著少年思考。

少年回答：「是不是說，當我感到痛苦憂傷時，要想想那些比我更辛苦的人，這樣痛苦就能減輕；又當我欣喜若狂時，要想一想那些過度狂歡者，好讓自己能遠離瘋狂舉動？」

長者微微點頭，接著說：「第二句話是，把別人當成自己。」

少年沉思一會兒說：「是不是將心比心的意思？要能眞正同情別人的不幸，

並細心理解別人的需要，這樣才能在別人需要的時候給予適當的幫助？」

長者點了點頭，繼續說著：「第三句是把別人當成別人。」

少年毫不猶豫地說：「我知道，就是要充分地尊重每個人的獨立性，不管在什麼情況下，我都不可以侵犯他人的核心價值與自主權利。」

長者笑著說：「眞是個聰明的孩子！」

「至於最後一句是，把自己當成自己。」長者說。

「把自己當成自己？」少年喃喃道。

「回去慢慢體會吧！相信你一定能領悟到的！」長者鼓勵著少年。

少年點了點頭，一時間他確實無法領略，事實上這四句話原本就存在著自相矛盾的情況，實在需要好好整合一下。

看著少年困惑的臉，長者笑著說：「孩子，這其實不難，只是你得用一生的時間和經歷去找答案。」

少年點了點頭，便轉身離開了。時光荏苒，少年轉眼成了中年，跟著又成了一個老者，直到死去。

那答案呢？這麼解吧！在他死後很久，人們仍時時提起他的名字，他們都說，他是個智慧老人，是個充滿樂觀活力的智者，每當看見他，每個人都覺得生活充滿希望與快樂。

看完故事，你是否也渾身溫暖感受？或者，我們可以這麼說，所有人無不渴望身邊能有個這樣的朋友陪伴，是吧？

然而滿心盼望著的時候，我們也該想一想，自己是不是也能滿足別人的「希望」？人跟人之間依靠的不僅僅是「心」的互動，更要有「理」的輔助。當對方滿足了我們的需要之後，別忘了，也要有相同的付出，然後才能真正構築出你我心中的夢想世界。

其實，長者的教誨不深，每個人的成長腳步便是如此，第一步本來就是要學會「樂觀」和「自律」；接著，在開始與人互動或步入社會之後，便得學習「體諒」和「尊重」。

最終，無論世界怎麼變化，社會如何現實殘酷，只要能守住「自己」，不迷失自我，不放縱情緒，能自信展現自己，那麼我們自然時時刻刻都會是樂觀積極的，也自然能帶動身邊的人們充滿希望活力。

簡單來說，生活就是從「自己」開始，這個世界是灰暗還是明亮，不是看天氣怎麼變化，而是依著每個人怎麼想像。「把自己當成自己」便是要相信自己，決定了就盡力去做，最後再爲自己的成果負責，一如長者的寓意：「人生是美或醜，全由自己來決定！」

放下懊悔，才有成功機會

現下要把握的還很多，我們該做的便是放下懊悔的心情，正面迎向未來，認真省思、修正自己的弱點，讓自己更積極地邁步向前。

習慣回憶的人應該都知道，當你回憶過去一切的時候，總是很容易憶起失去的和錯過的記憶。

這些讓人傷神的追憶動作，對大多數人來說，其實壞處多於好處，反而讓本該積極生活的當下徒添感嘆。

何必用淚水怨嘆失意？

又爲何要用不必要的情緒感傷失去？

珍惜現在吧，與其後悔感傷，不如用微笑與更積極的態度走向明天，如此一來，我們的人生才能眞正不留遺憾。

有個窮人死後來到天堂，見到上帝出現時，很不客氣地大吼著：「上帝！我要問您一個問題！」

上帝說：「說吧！」

「好。人人都是你的孩子，不是嗎？」窮人問。

「是！」上帝說。

「既然是的話，您怎麼能讓少數人擁有那樣多的財富，卻讓大多數人貧窮受苦呢？」窮人憤憤不平地說。

「你這麼說就不對了，其實所有人擁有的財富是一樣的！只是每個人能拿到多少，卻由不得我！」上帝無奈地回答。

「您騙人！明明就是窮人多，富人少啊！」窮人不滿地說。

「跟我來吧！」上帝帶著窮人來到了一個隱密的地方，這裡放了一本人間檔案：「你隨便翻吧！然後你就會發現，我分給人們財富確實都一樣。你看，牆上點著的顏色不都是金黃色的，沒有任何不同之處啊！」

窮人仔細地看了看牆壁上密密麻麻的點點，的確沒有一顆是不同的，但還是嘀咕著：「怎麼可能，我哪有什麼發財機會？根本是在騙人！」

「來，把你的大拇指按住這個點，然後閉上眼睛，看看你的過去吧！」上帝抓起窮人的手，按在他名字的小金點上。

這時，他才八歲，父母相繼過世，沒了依靠也失去學習機會，這時他看見遠房伯父正和家人討論如何資助他繼續升學，然而當時的他卻放棄這個機會，當然也放棄了未來的富足人生。

那年開始，他便進到社會闖盪。他到過許多地方，什麼工作都試過，但直到二十二歲，依然一事無成。雖然他能吃苦也勤快，卻有個很糟糕的缺點，那便是沒有耐心，做什麼事都不長久，轉眼便又失去了一個大好的發展機會。

與此同時，他看見老闆正和太太商量：「他十分可靠，如果能好好栽培，那麼我也算找到繼承人了，就讓女兒嫁給他吧！」

這個畫面十分吸引人，但事實上情況卻沒有走到這一步，因為窮人最後還是選擇離開，從此，他又開始浪跡天涯的生活了。

只是機會仍沒有忘記他，有一天晚上，他舉起蹣跚步伐，準備回家時，忽然聽見一個女人的求救聲音。

是的，他聽得很清楚，但是卻沒有回頭，繼續前進，因為他覺得沒有必要多管閒事。

就在這個時候，出現另一個畫面，沒想到那個求救聲正是他的眞命天女。她是一位富翁的女兒，因為他曾經在富翁家工作，女孩偷偷暗戀著他，為了見情人一面，便設計遇險，希望情人能「英雄救美」，未料結果卻讓她心碎。

這一切往事讓窮人看得渾身顫抖，直到影像播畢，窮人呆了許久許久，忽然抬頭說：「唉，如果人生能重來，我一定會成功的！」

上帝搖了搖頭說：「如果你不改善自己的缺點，結果永遠不會改變！」

仔細想想，人生若眞能重來，有多少人眞的認爲自己能好好把握？

一如故事中的男主角，多數人一回想起曾經錯過的機會，總憤憤不平地怨天尤人。事實上，這一類人即便能從頭來過，多半會再次錯過，因爲他們不肯正視自己的缺陷，更習於遮掩自己的缺點，難怪上帝要這麼反駁。

與其一再後悔，不如好好檢討已經錯過的機會，事情終究已經錯過，眼前該做的不是再從頭來過，而是從此刻起用心把握！

跟著故事反省，不妨回顧過去的生命歷程，有多少人看見了自己曾經錯過的，和自己一手摧毀放棄的？

不過，不管我們走錯了多少路，或放棄了多少機會，都不應該再怨嘆失去的一切，現下要把握的還很多，我們該做的便是放下懊悔的心情，正面迎向未來。記憶過去是爲了看清自己的缺陷，認眞省思、修正自己的弱點，然後，讓自己更積極地邁步向前。

改變態度，才可能進步

人若是不能放下自以為是的心態力求改變，便永遠不可能進步。只有積極踏出每一步，人生才會寫下一頁頁精采的生命故事。

生活除了觀察學習之外，還是觀察學習。當經驗累積充實之後，便能隨心所欲變化出招，不管世事如何變化，也不管順境逆境何時交替，更不管成功失敗怎麼交棒，我們總能微笑地生活，也輕鬆面對。

成功的方法無他，只要多觀察多學習，然後融會貫通，把心得轉化成爲自己獨到的經驗與智慧。能做到這點，我們就能爲自己爭得難得的成功機會，更能化危機爲轉機。

比利的父母接連病逝，只留下一間小雜貨店給他和哥哥經營，由於資金不多，設備十分簡陋，商品更是少得可憐，進門消費的客人越來越少了。

「唉，每天賣不到幾瓶汽水和罐頭，要靠這家小店發財？很困難啊！」比利不禁唉聲嘆氣。

他忍不住問大哥卡爾：「哥，爲什麼同樣的商店，別人可以賺那麼多錢，我們卻只能慘澹經營？」

「嗯，或許是我們的經營方式出了問題，其實就算是小本生意也能賺錢的。」卡爾尋思道。

「但是，要怎麼樣才能經營得好？」比利問道。

「借鏡！」卡爾忽然冒出這兩個字，看來他是找到方法了！

第二天，他們決定到其他商店觀察別人的經營模式。他們來到一間新開業的商店看了一個上午。這家店客人絡繹不絕，生意好得不得了，引起卡爾的好奇心。

他們走進店內，一進門便看見入口處立了一個告示牌，上面寫著：「凡是到本店購物的客人，請好好保存您的發票，月底的時候，可以將全部發票帶來，我們會提撥總額的百分之三，作爲回饋。」

「原來如此！」卡爾拍了拍頭說。

他明白這家店生意興隆的原因了，客人們無不冀望著年底「百分之三」的回饋金！於是，他們立即回家，也在門口立了一個醒目的告示牌：「即日起，本店所有商品全面降價，本店還將以全市最低價爲目標！如果您發現不是最低價的，本店願意以差價將商品退回。」

就這樣，卡爾兄弟從對手身上偷來了智慧，讓小店迅速擴大，最終還在全國各地開了不少連鎖店！

這則小故事是不是很熟悉？卡爾兄弟打出來的廣告，不就和市面上某家連鎖店一樣？在這個「證明最低價」的行銷策略中，我們看見的不是商場上的消費心理戰術，而是他們認眞從對手身上學習觀察的積極態度。

其實，所有對手都是可敬的。爲了更勝對方，不少人費盡心思創造發明，努力要脫穎而出，靠著各自獨特的視野與見地，時時出奇制勝，這些差異便是我們學習的地方。

那些自陷於懷才不遇心牢中的人，多半是眼高手低的傢伙。眞正的聰明人不會放任情緒自怨自艾，只會從別人身上得到更多發揮靈感，然後再將學習得來的一切消化吸收，讓自己更上一層樓，一如下面這個例子。

有個貧窮的小伙子來找一位富人，對富人說：「請您允許我爲您工作，我願意免費工作三年，一分錢也不要，唯一條件是，您得供我吃、住。」

這麼好的事情誰不想要！富人當然立即答應了他的請求。但三年之後，窮人卻忽然離開了富人的家，不知去向。

十年過去，窮人再出現時卻全然變成了另一個人，如今的他甚至比原先的富人更爲富有。這一切看在原先的富人眼裡很不是滋味，於是向新富翁提出：「我想用十萬塊買下你的經驗。」

新富翁笑著說：「買我的經驗！哈哈哈，你不知道嗎？我可是用你的經驗賺得今天的財富，如今你卻要用錢買回自己的經驗？」

所有經驗都是有價值的！但所有經驗法則不會一成不變，我們總得因應不同的時代、不同的生活現實做些改變，就像老富翁與新財主的情況。

生活其實只在一個「變」字。當老富翁保守地過著他的富裕生活時，窮人正在「改變自己」，老富翁缺的便是「變」；當世界開始變化時，他仍固守於眼前的生活，因爲墨守成規的態度，生活自然原地踏步，不見進步了。

人若是不能放下自以爲是的心態力求改變，永遠不可能進步。只有積極踏出每一步，人生才會因爲這一步步勇敢的跨越，寫下一頁頁精采的生命故事。

心生懷疑，難有好關係

別因為過分在乎的心情而心生懷疑、擔心。兩個人相處最難得的就是信任，人際關係是如此，愛情更是如此。

人生難得有情人，不妨想想，當愛降臨身邊時，你是怎麼看待眼前的愛人，是心裡無悔付出，還是常別有所圖？

虛情假意的心任誰都能察覺，即使再遲鈍的人，在這方面還是超出想像的靈敏。心靈溝通是十分玄妙的，一點點心思不對，感覺便會走味，若非多數情人選擇睜一隻眼閉一隻眼，多少戀情早就分手切斷了。

只是信任不再，愛戀雖然仍能繼續，卻也是另一段辛苦愛情的開始啊！

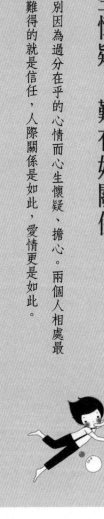

莎拉的姑媽有一個菱形的胸針，這只胸針十分普通，但她的姑媽不知道爲什麼，無論穿什麼衣服都要將它佩帶在身上，讓喜歡胡思亂想的莎拉十分好奇：「一定有問題，我一定要找機會問清楚。」

這天，莎拉央求姑媽讓她看看這只胸針，只見姑媽小心翼翼地拆下，又說：「小心哪！別掉到地上了。」

「不過是一只普通胸針，我那兒有許多名牌胸針，要是妳喜歡，我全都送妳！」莎拉頗不以爲然地說。

「不必了，這確實是一只普通胸針，不過它卻有著非凡的價值！妳不會懂的！」姑媽揮了揮手說。

莎拉一聽，又燃起好奇，連忙追問情況，姑媽便在莎拉苦苦央求下講出了這麼一段故事：

是它帶給我一段幸福愛情。那年我只有十九歲，他二十歲，當時他邀我一同到海邊旅行，由於必須在船上過夜，讓我有些為難，因為我不敢對父母說實話，不得不欺騙了他們。

在那保守的年代，海上只有我們兩個人，老實說，氣氛一直都有些沉悶，我們話不多，一開始是在岸邊休息，他生火，我幫忙煮湯，飯後散步，一樣沉默不語，唯一的互動，只有在他遞給我這一個胸針的時候。

最後，我們上了船，船上有兩間休息的房間，很像現在的快艇，他早在一個小房間裡幫我舖好了床，互道晚安後，我們便分別回房間睡覺。

這時，我忽然想到，要不要上鎖？要是上鎖，他便會聽見鎖門聲，如此一來，他便知道我在防備他，這樣不是太可笑太無知了？可是人心難測，不是嗎？

後來，我想到了一個方法，我悄悄地走到門邊，拆了一條鞋帶，再把它纏在門把上，繞了好幾圈後，便將他送給我的胸針插在上面。如此一來，只要他一觸動手把，那胸針就會移動位置，當然那也意味著我們緣分將盡，不管當時我有多麼喜歡他！

不過，第二天我安安靜靜地取下了這只平凡胸針。正是它，將兩個人的心緊

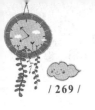

緊別在一塊！那個男孩不是別人，正是你的姑丈，我的丈夫，卡拉斯。

莎拉聽得萬分感動，忍不住上前擁抱姑媽：「姑媽，我祝您永遠幸福！」

細細品味著莎拉姑媽和莎拉姑丈的愛情故事，我們也明白，說愛得入火而放任情慾的理由始終是藉口，很多時候我們能忍而非不能忍。別忘了，爲了愛，多少人不是正努力在克制自己，好像故事中的小情侶。

一份簡單的信任便能維繫一輩子的幸福，在這速食化的現代愛情中已不多見了，看著小船上的平凡互動，不知道讓你有了多少省思和啓發？面對著心中認定的最愛，有多少人能坦誠、無疑，眞正由心中說出「我相信你」？

別因爲愛得太深刻，因爲過分在乎的心情而心生懷疑、擔心。都決定攜手共組一個家了，就不該讓猜忌懷疑滲入。一旦出現猜疑，兩個人的互動便會出現藉口。因爲缺乏信任，時時懷疑，其中一人便會頻頻出現試探動作，至於另一個人，爲了減少另一件胡思亂想，連小事也被逼得要支吾隱藏，於是各有所隱也各有所思，日子一久，心結不生也難。

簡單來說，既然如此愛他，就「相信他」吧！兩個人相處最難得的就是信任，人際關係是如此，愛情更是如此。

看著莎拉姑媽的往事回憶，其實這份克制與年代保守無關，展現的是兩個人的勇氣與理性。他們沒有「情不自禁」放縱自己，而是認真守護對彼此的一份「信任」。小小胸針藏著體貼愛人的心意，卻也襯托出一個深刻的理念：「愛不只要求付出，還要多一點坦白，一切都做到之後，只要再用信任兩個字，就能幸福牽手一輩子！」

用理智找出自己的價值

別為自己的平凡而心情沮喪，只要理智地看待自己，任何人都能找到屬於自己的、與眾不同的存在價值。

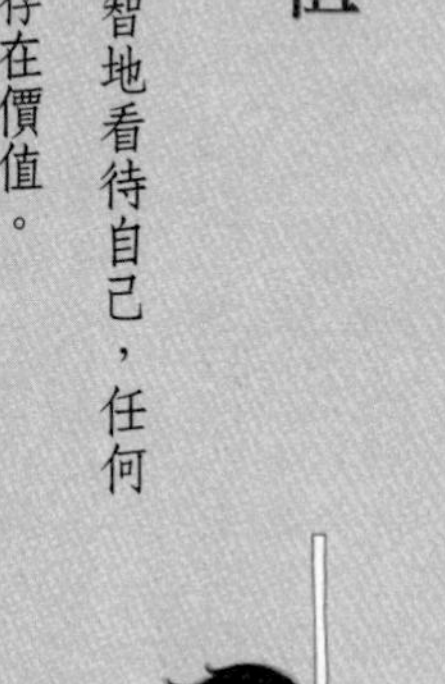

生活中，那些珍貴難得的事物確實不凡，但當眞擁有了難得的事物時，多少人的心眞的覺得踏實？

其實，眞正不平凡的東西常是身邊最平凡的事物，因爲這些才是累積並富足我們人生的珍寶。只要明白這個道理，自然會看清自己眞正想要的，生命便不會再有「後悔」的時候。

富商傑姆巴和他的朋友科爾一起來到某座城市，這天傑姆巴忽然對科爾說：「你知道嗎？這個城市曾經救過我的命，有一年我過境這座城市時，突然昏倒在路旁。這裡的人將我背到醫院，還請了醫術最高的醫生爲我治好病。老實說，我一直都不知道是誰救了我，雖然財富不斷增加，但我眞正想要的卻是好好答謝隱於這座城市裡的救命恩人！」

科爾點了點頭，問道：「嗯，那麼你準備爲這座城市做些什麼？」

「我想把身上最珍貴的三顆寶石送給城裡最善良的人。」傑姆巴說。

爲了完成目標，他們一同在這座城市裡住了下來，第二天傑姆巴在自家門口擺了個小攤子，桌上則放了三顆光彩奪目的寶石，寶石後方還寫了一張告示：「善良的人，我願意把這三顆珍貴寶石免費送給您。」

這招看起來應該頗具吸引力，但事實上人們經過時卻全都只回望了一眼，然後便匆匆離開。一整天下來，這三顆寶石始終無人問津。

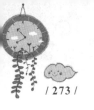

兩天過去了，三天過去了，這三顆寶石依然被人們冷落在一旁，讓傑姆巴十分困惑：「免費的也不要？」

科爾一聽，笑著說：「讓我來試試看吧！」

只見科爾拿出一根稻草，並將它裝在一只精美的玻璃盒內，盒上還鋪了一塊紅色絨布，告示牌上則誇張地改寫成：「一根稻草，一萬美元。」

「新品」一推出，立即引來人們的關注和詢問，爭先恐後想了解這根稻草的來歷。這時科爾解釋道，這是某國王贈送的稻草，是王室傳家之寶，能爲擁有者帶來富貴的神奇魔力。

最終，這根稻草竟以六千美元賣出，科爾這麼對傑姆巴說：「對他們來說，這三顆寶石不過是哄小孩子用的東西，你表現它們的方式太過平凡，根本沒人會注意。這個實驗讓我們知道，人們對那些難以到手的東西最是垂涎心動，即便它只是一根稻草。」

「人們對那些難以到手的東西最是垂涎心動，就算只是根稻草！」這句話十分深刻地道出多數人的心理。說穿了，平凡人無時無刻不想求得非凡事物，試圖突顯自己的與眾不同或價值非凡。

我們都知道，平凡稻草比不上珍貴寶石，然而，卻也因爲前者平凡簡單，反而很容易被人們賦予不凡。

價值認定不過是源於我們的想像和認知。只要我們認爲自己是與眾不同的，不需要外物附加，自然而然便是與眾不同的人。一如無法言語的稻草，只要我們願意，它也能成爲一根擁有神奇魔力的法寶！

不要輕看那些簡單平凡的人事物，也不要小看自己的舉手之勞，生命價值跟著內在變化而改變，才得以讓平凡事物擁有無價的內在。

其實，多數難以到手的東西早在我們身邊，我們總到失去時才知道，原來自己從未好好把握擁有過的一切。別爲自己的平凡而心情沮喪，只要理智地看待自己，任何人都能找到屬於自己的、與眾不同的存在價值。

內心踏實，才有生存的價值

唯有勇於正視生活的現實，不用「高人一等」的心情看待事情，才能真正享受生活的趣味，也才能真正肯定自己的價值。

世上能含著金湯匙出世的孩子其實不多，多數的富翁的財富都是靠自己努力而得來的。他們知道，雖然起步條件比別人差，但只要腳步踏實，努力積極，總有一天，他們會打造一把個人專屬的金湯匙。

這是多數成功者的態度，他們靠著自己的力量改寫人生歷程和結局，只因爲他們知道，與其羨慕他人在財寶堆中出生，還不如靠自己的力量換得一座金銀山來得踏實。

蘇丹王的兒子愛上了一個牧羊女，苦苦思念的他對父親說：「父王啊！我愛上了一個牧羊女，想和她結婚。我相信她會是個賢慧體貼的好妻子，更會是一位不可多得的好王妃！」

蘇丹王一聽，搖搖頭說：「孩子，你是國王的兒子啊！我死後你就是國王，怎能娶牧羊女呢？不行，這可不是你個人的事，而是國家大事！要是你娶了牧羊女為妻，會被人們恥笑的。」

「笑就笑吧！我真的很愛她，我就是要她做我的王妃！」王子堅定地說。

「唉，隨你吧！」蘇丹王很清楚這個兒子的個性，轉念一想，或者是天意，只好答應他了。不久，使者來到牧羊女的家，並告訴她王子的心意，沒想到牧羊女卻問：「國王的兒子有沒有一技之長？」

「他是王子，並不需要什麼一技之長，他本來就有人侍候著，未來他只要知道怎麼管理國家就好，哪裡需要什麼一技之長？」使者頗不以為然地說。

牧羊女搖了搖頭說：「對不起，麻煩您回去對他說，除非他有一技之長，不然我不會嫁給他。一個男人一點技能都沒有，怎麼能管理國家呢？」

使者將牧羊女的話告訴國王，國王一聽，不悅地對兒子說：「這就是你仰慕女孩嗎？還沒進門，要求就那麼多，現在你還想娶她嗎？」

王子堅定地點頭說：「放心好了，我會做出一雙漂亮草鞋給她看的！」

從此，王子天天都在學習怎麼編織草鞋，不久便學會了這個技能，順手就能編出一雙漂亮草鞋。使者帶著王子親手編織的草鞋去見牧羊女：「這些鞋子是王子親自編的！」

牧羊女看見鞋子十分感動，便說：「好，我答應嫁給他！」

只是兩個人的幸福時光不久，有一天王子獨自在街上散步時，不巧遇上了一群強盜，被捉進牢裡。

所幸強盜們並不知道王子的身分，暫時還沒有生命危險。轉念一想，王子對強盜說：「我們來個交易，我編草鞋讓你們拿去賣，如何？」

「好！」強盜立即找來材料讓他編製，三天內他完成三雙草鞋，然後他對強盜說：「你們把這三雙鞋子拿到宮廷外去兜售，相信我，單單一隻鞋就能賣得一百塊金子。」

「眞的？好好好！」強盜們聽完後，便匆忙地趕往宮廷外。

至於皇宮內，因爲王子已經失蹤很多天了，每個人都十分緊張擔憂，就在這個時候，聽說有人拿著草鞋在王宮外販售，王妃一聽，連忙叫人以高價將全部的鞋子都買回來。

一伙人仔細一看，這果眞是王子編製的草鞋，因爲上面他偷偷寫了幾行古文，那是求救的訊息，就這樣王子被救出來了。王子平安地回到父親和妻子的身邊，一看見愛妻，激動地說：「親愛的，謝謝妳！」

對牧羊女來說，再富裕的背景也不能有十指不沾陽春水的態度，畢竟世事難料，現實的人生難保什麼時候不會意外落魄，與其把握今天享受人生，不如培養一份紮實的求生本事。

反之，心若是空虛的，就算現在可以靠著爵位、財物強裝偉大，但總有一天，還是會被自己擊倒！

簡單故事，帶出了深刻寓意。編織草鞋的功夫看似平凡，卻也深刻暗喻人生該有的態度：「我們都是平凡的人，外在功名利祿不過是附加的，內心踏不踏實，本事夠不夠紮實，一切只有自己知道，這也是我們生活的重要依靠。」

明白故事的深意之後，就好好面對生活中的一切。唯有勇於正視生活的現實，不用「高人一等」的心情看待事情，才能眞正享受生活的趣味，也才能眞正肯定自己的價值。

沒有好口才，機會不會來

想過如何突破人生的困境嗎？或許你應該從加強自己的說話能力做起。口才好不好，真的非常重要。

雖然孔老夫子曾經厲言批判把話說得天花亂墜的人說：「巧言令色，鮮矣仁。」但是，相信很多際遇不順的人還是能夠體會到，一個人有沒有口才，會影響到自身的未來。

會不會說話，腦筋、舌頭動得夠不夠快，有時候確實真的會左右一個人的際遇，不可輕忽。

能否把話說得漂亮，攸關一個人能獲得多少機會。

美國獨立戰爭期間，軍隊裡的軍規森嚴，甚至不准士兵玩紙牌，以免軍心渙散。然而，規定歸規定，還是有不少士兵私底下偷偷玩牌。

有一天，有一名士兵正在玩牌的時候，被一名中士發現了。由於兩個人平常就有小嫌隙，中士立刻將士兵抓了起來，揪著他到上校面前請求處分。

上校聽完中士的報告後，轉頭問士兵有什麼想要抗辯的。

士兵立刻說他出身於一個基督教的家庭，全家篤信上帝，每天晚上都要對著聖經禱告。但是，當了兵以後，因為薪水太少，買不起全本《聖經》，只好借錢買一盒紙牌來代替。

中士聽了立刻噴笑出來，大聲喝斥：「說謊不打草稿，把紙牌當成《聖經》？這說出去誰會相信！」

士兵連忙辯解：「是眞的，我沒說謊！我可以把其中的道理說給你聽。」

眼看兩個人又要吵起來，上校開口要士兵繼續說下去。

於是，士兵拿出紙牌，一張一張開始說明，他說：「比方我拿到一張A，也就是一點，就會讓我想起萬能的上帝。如果我拿到二，就會想到上帝和上帝之子耶穌。三點呢，就代表三位一體的聖父、聖子、聖靈。四點是馬太等四位佈道者，五點則是那五位聰明的少女和五個愚蠢的姑娘。六點意味著上帝創造世界時，只用了六天，七點則是第七天當爲禮拜日。八點代表的是逃離大水的諾亞一家八口，九點讓我想起救世主曾爲九位痲瘋病人治病的故事，十點無疑就是摩西的十誡。紙牌裡的皇后是來自地角天涯的西芭，特地前來聽取所羅門的智言。老K國王，當然就是天國大帝的象徵了。」

看到這名士兵如此會扯，上校忍不住打趣地問道：「那麼，你又該怎麼解釋鬼牌黑傑克？」

士兵老神在在地說：「噢，傑克以前代表猶太。不過，我現在一看見他，就想起抓我的中士。」說到這裡，眼神故意飄向中士，把中士氣得牙癢癢的。

見上校的表情顯得興味十足，士兵繼續發揮胡扯的本事：「這些紙牌的秘密還不只如此，我數過，一副牌裡的所有點數全加起來，剛剛好是三百六十五，有圖畫的牌有十二張，剛好一張牌代表一個月份。如果把一副牌按照點數聚集在一起，可以分成十三疊，這恰恰好提醒了我，千萬不能忘記，一定要在上校英明的領導下，保護合衆國的十三個州。」

士兵的最後一句話，馬屁拍得不慍不火，上校當即決定放過他。

一般來說，人與人之間的交流、應對，多半從說話開始。話說得好，通常就能順利通過第一關。

以職場面試來說，雖然主考官已經在履歷等書面資料上初步知道面試者的基本資料，但一般而言，是不會有人光看履歷就決定錄取一個人的。怎麼說也要先見個面、談談話，才能眞正做決定。

這時候，儀表與談吐就決定了一切。

一個能言善道的人，通常意謂著反應較快，性格也較活潑，如果該項職務不是需要特別安靜或自閉的人才，這樣的人獲取錄用的機率當然比較高。

一個外表合宜，說話又有模有樣的人，通常印象分數也會大幅提高。

就好像故事中的士兵，以職等來說，他沒有任何勝算，但是他知道自己其實不用和中士打交道，只要搞定最上階的人士就成了。

一段又一段《聖經》故事，巧妙地套在撲克牌上，任誰聽來都知道是扯淡，卻也挑不出破綻可以反駁，這就是士兵聰明且高明的地方。

蕭伯納曾說：「有信心的人，可以化渺小為偉大，化平庸為神奇。」這名士兵就憑著自信、口才和敏捷的反應，成功地爲自己化解了一次危機。

想過如何突破人生的困境嗎？或許你應該從加強自己的說話能力做起。口才好不好，眞的非常重要。

8. PART

別讓內心慾望主導人生方向

只要每分每秒都能執著認真，
不讓內心的慾望主導人生的方向，
任何片刻都將能寫下一份永恆且
卓越的人生成績單。

冷靜保持智慧，才能找到機會

發現機會不難，難得的是你是否有敏銳的觀察力和判斷力。
唯有放下哀痛的情緒，才能處理好迫在眉睫的困厄。

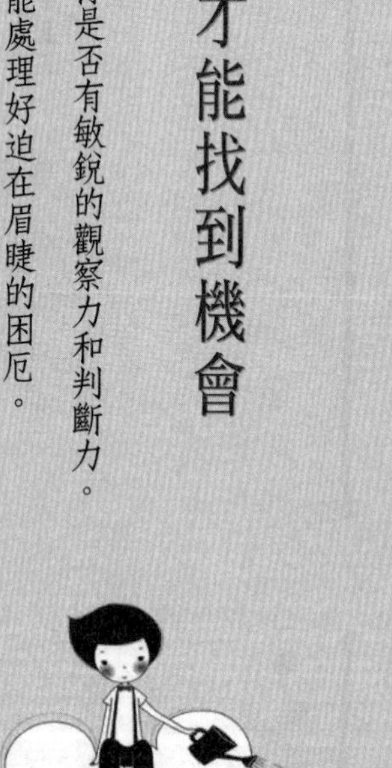

能用心觀察與學習的人，在別人跨一步時，他們已研究如何讓兩步併作一步的技巧，目的不是爲超越別人，只是爲了突破生活的極限。

你呢，是否知道怎麼突破生活的有限？

方法其實很簡單，只要自己充滿自信活力，培養足夠的機智膽識，人生路自然就能走得輕鬆自在，瀟灑寫意。

集中營裡，有個猶太人對他的兒子說：「孩子，我們什麼都沒有了，但還有智慧，記得，當別人說一加一等於二時，你要能想到大於二呀！」

集中營裡，約有五百三十六萬七千二百四十個人被毒死，唯獨這兩名父子奇蹟般存活了下來。

一九四六年，他們來到美國，在休士頓從事銅器生意，有一天，父親問兒子一磅銅的價格，兒子回答：「三十五美分。」

父親說：「對，全德州的人都知道每磅銅的價格是三十五美分，但身為猶太人的兒子，應該說三．五美元。現在，試著把這一磅銅做成門把看看。」

二十年後，猶太父親辭世，由猶太兒子獨自經營這間銅器店，他謹記父親的教誨，進行多方嘗試，曾將銅器做過銅鼓或瑞士鐘錶上的簧片，甚至連奧運會的獎牌也試過。

當他把一磅銅做成昂貴招牌時，還以三千五百美元賣出，這時他已經是麥考爾公司的董事長。

不過，眞正使他揚名立萬的是紐約州的一堆垃圾。一九七四年美國政府爲清理自由女神像翻新後的廢棄物，公開對外招標，請人幫忙處理，但是等了好久都沒有人投標。

當時，正在法國旅行的他聽說後，立即飛往紐約，然後沒有條件地當即就簽下約，扛起這件吃力不討好的工作，不少人笑他呆。但轉眼間，廢物成了寶貝，不禁讓人們看呆了。

他把廢料分類，將廢銅熔化，鑄成小自由女神像，餘下的木頭則加工成底座，其餘像是廢鉛、廢鋁則變成了鑰匙。甚至連女神身上掃下的灰塵，他都沒錯過，小心翼翼地將它包裝起來，然後賣給花店當盆栽材料使用。

只有三個月的時間，廢棄物便換得三百五十萬美元，特別是那些銅，一磅的價格整整翻了好幾倍。

發現機會不難，難得的是你是否有敏銳的觀察力和審時度勢的判斷力。對猶太兒子來說，能獲得成功是很平常的事，因爲死裡逃生的人，總是比一般人更明白「要好好活」，也懂得要「怎麼活」！

非常時代的意外與無奈，雖然造成了不少悲劇故事，但順利活下來的人們，總不忘積極改寫人生命運，因爲他們從生死關頭中學會了珍惜。

就好像那個猶太父親一般，當別人哭泣生命將逝的時候，他卻把握機會將智慧留給他的下一代，鼓勵孩子將悲傷的心情暫時放在一旁。

爲當下努力而活才是最重要的，唯有放下哀痛的情緒，才能處理好迫在眉睫的困厄。猶太父親想告訴自己的孩子是：「生命一定會有奇蹟，只要你能看得見生命智慧。」

是的，生活奇蹟便是靠著人類智慧成就而得，無論市場的銅價值如何，終究是由人們訂定的，相對的，握在你我手中的事物，全看你我怎麼賦予新義，並爲它們加碼增添價值。

想要揚名立萬不難，希望有一天名揚四海也非難事，重要的是你是否有創造的決心，又是否能不在乎世人的異樣眼光和嘲笑，能執著專注於心意已決的目標，要求自己全力衝刺。

「積極生活是我們應該抱持的生活態度，發現機會之時，要審慎評估，並大膽嘗試、一加一會大於二，是因為兩個一相加的同時，還加上無法估計的智慧！」這便是猶太兒子累積父親和自己學習而得的智慧結果，聰明的你，是否已從中得到了另一番新啓發呢？

夢不難圓，只怕沒有決心實踐

許多人面對夢想時，心心念念的不是「夢想目標」而是「夢想難圓」，展開實際行動前，就抱著「失敗」的心態看待夢想。

十分崇拜林肯和華盛頓的勒格森．卡伊拉，經常對自己說：「我要靠自己探尋最佳的生活方式，然後取得讓人難以置信的成功！」

正因爲這份決心，讓他走出了不同的未來人生。

靠著雙腳拓展出寬廣視野的勒格森，是如何得此成就，或許透過下面這則故事便可得知，說不定從中能讓你有一番新的啓發。

勒格森·卡伊拉是個非常努力尋求改變，而且勇於面對挑戰的孩子。在他還只是個非洲小男孩時，和村裡的許多小朋友一樣，總認爲住在老家學習只是浪費時間而已，直到一位傳教士闖入了小勒格森的生活才有了轉變。

那位傳教士不只告訴他林肯和華盛頓的故事，還送給他兩本改變他一生命運的書，一是《聖經》，另一本是《天路歷程》，就是這兩本書點燃了他的希望夢想：「我一定會照著自己的方式去生活，我要像林肯一樣克服貧窮，克服困難，成爲一名偉大的人。」

一九五八年十月，勒格森帶著只夠五天的食物和那兩本書，以及一把防身用的小斧頭和毛毯，堅定地踏上他求學之路。但勒格森並不知道他要上哪所大學，更不知道有沒有大學會接納他。

從開羅走到美國有三千英里之遙，勒格森卻一點也不畏懼：「我一定要照自己的方式過生活！」

勒格森曾經因為疲憊，幾度想放棄，但他最後都堅持走下去。只要一翻開那兩本書，讀著那些熟悉又激勵人心的字句，他的信心和堅強便會讓他再度恢復力量，支持著他繼續前行。

走了十五個月，近一千英里的路程，他終於走到了坎培拉，這時他的身體越發健壯，途中累積的經驗，讓他有了比同齡超過許多的智慧。

他在坎培拉待了六個月，這六個月他不只打工賺生活費，還把握時間到圖書館閱讀了大量的書。

當他找到一本圖文並茂的美國大學指南時，被其中的一張插圖深深吸引，那是坐落在湛藍天空下的學府，名叫斯卡吉特峽谷學院。勒格森仔細地閱讀簡介，心中也越發堅定「非它莫屬」。

決心要達到目的的勒格森當然不會讓自己閒著，立即寫自薦信給該學院主任，仔細說明自己的情況，並積極向學院申請獎學金。但是再有信心，仍然擔心斯卡吉特會拒絕他，因而勒格森不厭其煩地一封又一封地寄出申請信件，積極為自己爭取機會。

這份誠意與毅力確實迷人，主任還眞被這個年輕人的決心感動了，不僅接受了他的申請，還提供他一筆獎學金和一份工作。

一九六〇年十二月，歷經二年多的行程，勒格森．卡伊拉終於來到了斯卡吉特峽谷學院，捧著那兩本書，驕傲地跨進學院的大門。

畢業後，勒格森並沒有就此滿足，選擇繼續深造學習，最後，他成爲劍橋大學教授，同時也是一位人人敬重的作家。

因爲心中緊抱夢想，更堅決執著地要完成它，勒格森．卡伊拉終於如心中預想的，到達了心中盼望的天堂。

這個奇蹟般的力量不是天神賦予的，而是「決心」創造的。

或許有人要質疑，爲何神奇的決心能在勒格森身上大放光芒，偏偏在自己身上卻看不見呢？

原因很簡單，許多人面對夢想時，心心念念的不是「夢想目標」而是「夢想難圓」，展開實際行動前，就抱著「失敗」的心態看待夢想。正因為選取的角度不同，所以勒格森能，絕大多數人不能。

再回到故事中，仔細地看著勒格森累積的腳步，一步又一步，幾千幾萬里的路在他的決心下一步步走完，這種意志力又是多少人難以企及的？試想我們才走個幾百公尺就開始喊累了，又遑論要如何圓夢呢？

「夢想不難達成，只要你有決心，不輕易退縮，當你嚐盡苦頭時，將發現自己已不知不覺來到了夢想的彼岸。」這正是勒格森達成目標時眞正要與我們分享的感言。

不要用僥倖的心情處理事情

自己的實力是否充備，要有一定的認識，知道不足，便要先積極自我充實，不要用一時僥倖的心情處理事情。

習慣誇大自己才能的人，常常要面臨謊言被戳破的尷尬難堪場面。因此，人前人後，有幾分功力說幾分話，不必要的油醋千萬別亂加，免得著了火，到時想滅都滅不了。

其實，能力和經驗是累積出來的，不怕自己有所欠缺，就怕明明不懂卻偏偏裝高手，自知實力不足之時就謙卑以對，不要抱怨別人不給自己機會！

知道功力還差三分，就好好把那三分充實起來。眼前機會雖然不等人，但待實力累積夠了，也有十分自信迎接各項挑戰時，更好的機會勢必會源源不絕地迎面而來。

有個年輕人拿著自己的履歷來到一間科技公司，客氣地向櫃台人員說：「我要應徵工作。」

事實上，公司並沒有刊登廣告要招募新人，但櫃台小姐聽見後，還以爲公司眞要招聘新人，因而撥了電話向人事經理報告。經理了解情況後，又以爲可能是總經理親近的人，於是再撥了電話向總經理詢問，沒想到了解情況後，得到的結果卻是公司根本沒有要聘新人。

「還是讓他上來，看看他到底有什麼本事。」這個主動大膽的年輕人挑起了總經理的好奇心，決定破例讓他試一試。

只是當他們開始與這個年輕人面談後，卻大失所望，因爲他表現得實在很糟糕，不只對公司概念模糊，就連基本的英語會話也說得七零八落。經理忍不住揮了揮手，說道：「好了，你可以回去了。」

「對不起，我有些緊張，也確實還沒準備好，請再給我一次機會。」年輕人尷尬地說。

「那就等你準備好了再來吧！」總經理不耐煩地說。

一個星期後，年輕人真的再次走進科技公司的大門，但這次他依舊沒有成功過關，不過經理倒是發現，比起第一次，他的表現好許多了。

不過，總經理仍然這麼回答：「等你準備好了再來。」

就這樣，年輕人先後走進公司大門五次，最後終於被錄用了，甚至還成為該公司接下來重點培植的員工之一。

故事中的年輕人看起來頗讓人敬佩，但事實上，真要讓人感到敬佩的，卻不是一再嘗試的年輕人，而是大方惜才而且願意給年輕人那麼多次機會的總經理。

因為，即便年輕人膽量十足，但明知準備不夠充分卻還匆匆上陣的態度，確實有著必須檢討的空間。

設身處地想想，如果是你，相同的機會你會怎麼把握？是同樣帶著不到五成功夫就急著去爭取機會，還是會預先加滿了油後再以十分的自信向對方爭取？

現實社會中，面試官不會有太多耐心，他們不會奢望搞不清楚自身實力的新人肩負起多麼重要的責任或機會。

聰明人有十分把握才做十分事，把每一次機會都握在手中。自己的實力是否充備，要有一定的認識，知道不足，便要先積極自我充實，不要用一時僥倖的心情處理事情。

既然下定決心設定自己的人生目標，更要紮實補強能力，才能帶著不凡的信心，向既定的夢想目標前進。

別讓內心慾望主導人生方向

只要每分每秒都能執著認真，不讓內心的慾望主導人生的方向，任何片刻都能寫下一份永恆且卓越的人生成績單。

從出生開始，每一個生命都是靠自己的力量長大，再艱困的難關，只要願意保持樂觀心情，就一定能熬過、走過。

別問別人能給我們多少幫助，要問自己能給自己多少支持和突破的決心。人生的路程得靠自己前進，再多的外力支持也比不上我們雙手支撐的力量。

上帝忽然想到人間走走，途中遇到一個正在鑽研人生問題的智者。上帝看著想到發呆的智者，走近他身邊問道：「朋友，我也正爲人生感到困惑，要不要一塊兒來思考討論呢？」

智者一看，正要問他是誰時，上帝又說：「只是單純地討論問題，聊完了我們就分手了。」

智者點了點頭說：「好，我明白了。我總覺得人類是很奇怪的動物，時而非常理智，時而做出極不理性的行爲，特別是常在大方向中迷失。」

上帝嘆了口氣說：「我也有同感，人們很容易厭倦童年，急著長大，但長大後卻又渴望返老還童；健康時不肯好好珍惜健康，總愛用健康來換取財富，最後才又逼著自己放棄財富去換取健康；說到未來，一個比一個還要焦慮，但對於當下，卻沒有一個人肯好好面對。結論是，人們既沒有好好生活在當下，也沒有認眞看待未來生活；活著時好像永遠不會死，但瀕死時個個卻又好像從來沒活過一樣，什麼人生如夢……」

「研究人生的問題，的確是件耗費時間的事，不知道您是怎麼利用時間的呢？」智者問。

「時間？我的時間是永恆的，只要人們對時間有了真正透徹的了解，自然會懂得什麼是人生。時間包含著機遇、規律和人間的一切，好像新生命、新經驗和新智慧，人生有許多非常重要的東西等待我們自己去開發。」上帝說。

智者靜靜地聆聽上帝的每一句話，上帝卻不再開口，只是拿起手中的書，指著書上的幾行字給智者看：

人啊，你應該知道，不可能取悅於所有人；

人生，最重要的不是擁有什麼，而是去做什麼；

富有，不是要擁有很多，而是要讓貪慾少一些；

要深度傷害一個人只要幾秒鐘，但治療它卻要用很長很長的時間；

別忘了，有人會深深地愛著你，但他們常常不知道要如何表達心中的愛；

唯一金錢不能買到，卻能讓你免費擁有的珍寶，是幸福；

寬恕別人和得到別人的寬恕是不夠的，你還要能寬恕自己；

每個人都愛玫瑰，但喜歡它不是非得把它那扎人的刺除掉不可，你要學會不被它的刺傷到，還要能小心呵護它無傷；

最重要的是，很多事錯過了就不再，但錯過了，事情便會出現改變。

智者看完了這些文字，說：「這根本只有上帝才能……」

智者話還沒說完，才發現書捧在他手中，眼前那個人已經不見了。忽然，從天上傳來一個聲音：「對每個生命來說，最重要的是，只有自己才是自己的上帝。」

聽見「只有自己才是自己的上帝」之時，你的心是否也爲之一振？

不爲取悅他人而爲，生活的定義無非就是我們要做該做的事，讓日子少一點慾望，這些都是我們日常中最常思考的事。接下來的愛與寬恕，認眞珍惜，更是我們經常期勉自己要做到的生活態度！那些事不是只有上帝才做得到，只要我們願意，這一切都是我們做得到的，所以上帝在寓言故事中傳達如此旨意：「你就是自己的主宰！」

無論迷失與否，也不管生活過得多麼荒唐紛亂，這一切都是我們自己親手完成的成績單。

我們應當用心生活，不輕易錯過任何機會，如果錯過了，也要更加勇敢向前。世事隨時都在變化，只要每分每秒都能執著認眞，不讓內心的慾望主導人生的方向，任何片刻都能寫下一份永恆且卓越的人生成績單。

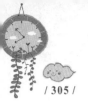

克制享樂心情，才能處理好事情

要拒絕誘惑，時時對自己的貪婪慾望、享樂心情說「不」，克制無謂的消費慾念，自然能早早擺脫月光族之林。

「卡奴」和「月光族」是現代社會的新名詞，若以過去常用的詞彙解釋，其實代表著「慾望」。

不是嗎？若非貪戀一時的慾望享樂，手中的卡片又怎麼會刷爆一張又一張？若非貪圖奢華，日常開支又怎麼會老是透支呢？

生活掌握在自己手中，不必要的消費動作必須加以克制，別說這事很難，只要有決心，克制慾望絕對比想像中容易簡單。

佩佩剛成為大學新鮮人，家裡每個月都會給她一萬元當生活費。對一個學生來說，一萬元理應夠用了，可是佩佩還是覺得手頭很緊，因為只要同學們邀她參加聚會，她就一定會參加，拒絕的話讓他覺得很沒面子。

她常常毫不遲疑就說「好」，就算月底財務吃緊，還是會點頭說「好」，然後跟著朋友們到處吃吃喝喝，胡亂消費。

有一天，姨媽來找她，要她陪伴吃飯，但此刻的佩佩口袋裡只剩二千一百元，心想還得靠這僅存的二千塊活到下個星期呢！「這可怎麼辦？算了，還是去吧！怎麼說都是姨媽呀！」

佩佩知道有間合適的自助餐廳，在那兒她們一個人只要五十塊就能吃得飽飽，這樣一來，她就可以勉強靠那二千塊撐到月底。

見面時，姨媽先問：「到哪兒好呢？午餐我吃得少，太多了可吃不完。」

佩佩點了點頭，帶著姨媽往自助餐店走去，但就在接近時，姨媽突然指著對街的「義式家常菜」說：「那家看起來很不錯，我們到去看看吧！」佩佩一看，心涼了一半，那家店價格可不便宜呀！但她還是說：「好。」

「總不好跟姨媽說我的錢不夠，那兒太貴了，改天再去吧！那裡的東西確實好吃，唉，算了，還好今天錢都帶出來了。」佩佩安撫著自己，至於明天之後，她不敢再想下去了。

服務生拿出菜單，佩佩點了最便宜的餐點，只要一百五十元，至於姨媽點的則是偏貴的一道，要五百四十元，佩佩這會兒心中盤算著剩下的錢：「唉，只剩一千四百一十元了。」

「還需要什麼嗎？」服務生問。

「對了，我們這裡有道招牌菜，叫啤酒鴨，您要不要試試？」

「好，來一盤試試，聽說很美味，佩佩，妳要不要來一些？」姨媽問。

這下，佩佩心裡有點慌了，「如此一來，不就只剩一千六十塊了嗎？那未來一個星期，我要喝西北風啊！」心裡雖然慌，但佩佩還是沒有拒絕，仍然點了點頭說：「好！」

跟著，服務生很好心地又來推薦所謂的招牌蛋糕和招牌咖啡，聽得佩佩頭都昏了，最後服務生又端來一些免費招待的水果，只見佩佩大口大口地吃著，直到服務生把帳單送來，「二千一，謝謝！」

佩佩拿出二千一，然後尷尬地看著姨媽。

「口袋裡的錢都掏光啦！這是妳全部的錢？」姨媽問道。

「嗯！」佩佩點了點頭。

「妳要請我嗎？但這是妳僅有的生活費，不是嗎？」姨媽開心之餘，仍然關心地問她。

「嗯，沒關係的，姨媽，只要您高興就好了。」佩佩說。

「佩佩，妳是學語言學的吧？」姨媽問。

「是。」佩佩說。

「好，讓我考考妳，妳知道所有的語言當中，哪個字最難念？」姨媽問。

佩佩搖了搖頭，說：「我不知道耶！」

「是『不』啊！妳得學會說『不』，知道嗎？我早猜到妳月底肯定又口袋吃緊了，姨媽是想給妳一個教訓，故意不停地點最貴的東西，並注意著妳的表情，可憐的孩子！」她付完帳後，還給了佩佩二千塊當生活費。

「不是所有交際應酬都必須參加，妳現在還只是個學生，凡事要懂得量力而爲啊！生活開銷更要有規劃和計劃，明白嗎？」

姨媽再次叮嚀了佩佩，佩佩則點了點頭，說：「我明白，姨媽。」

在這個「月光族」衆多的社會中，佩佩的情況想必讓不少人心有戚戚焉，甚至怨嘆不已，只是那麼多的嘆息和埋怨，眞要責怪的人還是自己！

說害怕朋友不再理睬只是藉口，煩惱面子掛不住更是存心推諉，簡單歸納原因，大多數的月光族說穿了，都是因爲過度的享樂主義！

他們一次幾千塊、幾萬塊地消費，總說是要好好犒賞自己的辛苦生活，可是最終得出的結果，卻是更加辛苦的還債生活，貪圖一時的快樂享受，顧前不顧後，這般慘況實在怨不得人。

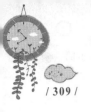

心力交瘁地背負著「卡奴」之名，能怪銀行刻意誘惑？

當然不行了，要怪也得怪自己任由無盡的慾望指揮，只顧眼前狂歡狂喜，卻忘記思考明天恐怕要樂極生悲！

佩佩姨媽強調「不」字，不只教導佩佩要開源節流，更要懂得掌握自己的生活方向，而不是一味地配合著朋友腳步卻忘了自己的步伐。姨媽還教導了我們一件事：「生活中，要拒絕誘惑，時時對著自己的貪婪慾望、享樂心情說『不』，克制無謂的消費慾念，自然能早早擺脫月光族之林。」

放下心中的包袱，才能輕鬆上路

放下該放下的，也丟開不必要的擔心吧！輕裝上路，你才能快樂前進，也才有足夠的力氣與空間，容納沿途發現的珍寶。

古代哲學家歐里庇得斯曾說：「一天一天地活下去，不要求更多的東西，從而得到生活的樸素精髓，這樣的人最快樂。」

近代勵志作家哈伯德也曾經這麼說道：「最大的快樂，並不是你得到什麼東西，而是在於你放下什麼東西。」

在人生各個階段中，定期解開你身心上的「包袱」，才能隨時找到減輕壓力、負擔的方法。

有一年，英國著名作家理查．賴德和一群好友相約到東非去探險。抵達目的地時，他們才知道，東非正逢乾旱，氣候酷熱難耐，這趟旅程恐怕會比想像中還要艱辛、漫長。

爲了順利完成探險，理查臨時追加了許多生活用品。

只見，理查和友人們背起了大小行囊，來到了東非的一個小村子，尋找這次探險的導遊。

不久，當地的酋長帶來了一名經驗豐富的村民。

出發前，他們依照慣例，請導遊檢查他們的裝備是否齊全。

然而，就在檢視理查的行囊時，導遊突然停下動作，轉身問道：「理查先生，你認爲，你有必要帶這麼多沉重的東西嗎？你認爲，這些東西能爲你帶來安全和快樂嗎？」

理查聽見時，忽然楞住了。

塞滿物品的背包，確實是件沉重的負擔，未來還有好長的一段路要走，肯定會更加辛苦。

爲此陷入沉思中的理查，忽然想到：「背著這麼多的東西上路，眞的有必要嗎？這些東西眞的都是必要的嗎？背著這麼多的東西，會讓我的旅途充滿快樂嗎？」

於是，理查再次整理他的背包，發現背包裡的東西有很多是非必要的，只是他似乎有點遲疑，導遊見狀忍不住又說：「輕裝上路吧！」

理查一聽，笑著點了點頭，將所有不必要的東西全拿了出來，贈送給當地的村民，一下子讓原本沉重的背包縮小許多，當然也變輕了許多，他也發現，自己在情緒上似乎也有了小小的變化，那是一種卸去重擔的快感，減少束縛的自在感。

少了負重前行的疲累和煩惱，這趟旅途對理查來說，無疑是全新的體驗，因爲輕裝前進而變得輕鬆愉快，雖然氣候酷熱，心情卻滿是喜悅，觸目所及更是處處皆趣味盎然。而他也深刻地體悟到：「生命裡填塞的東西愈少，就愈能發揮潛能。」

因爲「擔心」，我們總是不斷地給自己不必要的壓力，也因爲「放不下」，讓我們經常背負著不必要的沉重包袱，這些都是拖累我們生活步伐的重要原因，也是阻礙我們思維靈活變通的主要原因。

「你快樂嗎？」當故事中傳遞出這樣的疑問時，你是否也忍不住重新審視著自己，發現自己看見了什麼問題？

你是否也和導遊一樣有著相同的反思：「身上背負著那樣沉重的包袱，怎麼能輕盈前進，享受旅途中的美麗呢？」

放下該放下的，也丟開不必要的擔心吧！輕裝上路，你才能快樂前進，更重要的是，你也才有足夠的力氣與空間，容納沿途發現的珍寶。

誇大的心境容易使人陷入窘境

只要自覺累積不夠，就回頭先好好充實自己。抱著自以為是的心態處理事情，只會使自己陷入窘境。

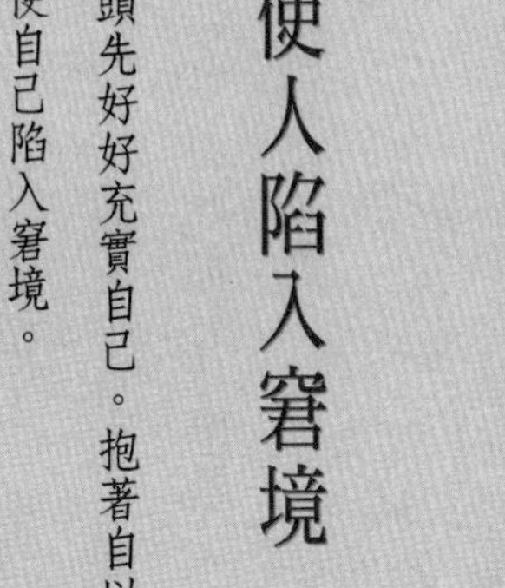

爲了爭取機會，有的人會故意誇大自己的能力，然而，是否能表現出十足自信卻又是另一回事。畢竟，滿口謊言的人自然擔心謊話被發現，更擔心著別人進行測驗。

日常生活和工作場合中，我們不難發現，這一類總是誇口說大話的人眼神必然飄忽，甚至坐立難安，心慌得想要遁逃了。

有家著名的國際貿易公司正在招聘業務人員，應徵者中有位年輕人的條件極佳，畢業於某所著名的大學，又有三年的相關工作經驗。當他出現時，整張臉充滿了自信。

「請問，本公司的主要業務是做什麼的？」主考官問道。

年輕人說：「蔬菜進出口。」

「蔬菜呀，那能不能請你說一說，對業務人員來說，到底是產品重要，還是客戶重要？」主考官又問。

年輕人想了想，回答說：「當然是客戶重要了。」

主考官點了點頭，又問：「好，你也累積了三年的經驗，應該知道新鮮蔬菜的特性。這些蔬菜中，菠菜出口的主要對象是日本，據了解，以前的銷售情況很好，可是近幾年銷售成績卻不理想，對此你有什麼看法？」

年輕人頓了一下，只說：「因爲菜不好。」

「為什麼不好呢？」主考官問。

年輕人又頓了一下說：「嗯，就是品質不好。」

主考官看了看他，問道：「你從沒去過產地吧？」

年輕人看著主考官，沉默了幾秒鐘，沒說是或不是，卻反問他：「你怎麼知道我沒去過？」

主考官笑著說：「如果你去過，就應該知道為什麼菜不好。一般人都知道，蔬菜採收的最佳時間只有十天，這段期間內的菠菜鮮嫩好吃，太早了不行，晚了一天就變老了。要保持鮮度，採收後要將菜攤開放在地上晾一天，第二天得翻身，然後再晾一天，等水分蒸發乾後才能把菜裝箱。不過，據我了解，當地農民為了多採多賣，把蔬菜全採回家，卻又等不及自然晾乾，將菜放在熱炕上烘，儘管只烘兩個小時，但也把菜的滋味全烘不見了。雖然經過加工處理讓菠菜的外表上看起來一樣，可是其中口感已經天差地別了呀！」

年輕人尷尬地說：「我沒有去過產地，所以不知道你說的這些事。」

年輕人低著頭走出公司大樓，原本有希望入選的他，最後沒有被錄取。當然他自己也知道，他們是不可能錄取像他這樣一個在外貿公司工作三年，整天只會陪客戶吃飯，卻沒下半點功夫，毫無專業可言的業務人員。

看著年輕人失去機會，不知道是否讓不少人也心驚膽顫起來？看看四周，很多人不也像年輕人一樣，才會一點皮毛便強裝無所不知，四處誇耀自己與某某名人有多熟，總是忘了謊言被戳破時的尷尬與難堪。

沒有人是萬能的，即便某個領域非常專精的人，也不敢說自己無所不能，因爲學習無涯，我們始終有學習不完的東西。

因此，我們時時要以謙卑的態度面對人事，若抱著自以爲是的心態處理事情，只會使自己陷入窘境。

如果自覺累積不夠，就回頭先好好充實自己，若自知專業能力不足，從現在開始便要認眞學習，才能保障自己在最佳機會出現時，能一手把握，絕不錯過。

只要願意面對，便能把握住機會

成功者沒有絕對的條件，只要放下自怨自艾的心態，踏實也務實地規劃未來，無論在任何領域中，都能把握機會。

認真執著是生活的首要條件，踏實用心是成功的不二秘訣，每個人都會遇到各種人生考驗，無論其中過程如何艱難，最後總要走過。

面對問題時，遇上難題時，除了勇敢迎向它外，就是認真執著且踏實用心地面對它，走過它。

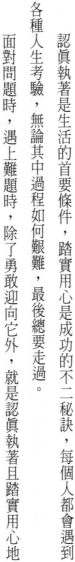

在某個貧窮村莊裡，有兩個兄弟相依爲命。

這天，十六歲的哥哥帶著十四歲的弟弟到附近的碼頭找工作機會，就算只是幫有錢人提袋子的機會也好，無論如何都得先賺個幾塊錢，別讓肚子空著。

兄弟倆在碼頭轉了一整天，一點收穫也沒有，眼看天要黑了，哥哥抱著弟弟忍不住哭了起來，就在這個時候，有艘大船靠岸，兩兄弟像是看見希望一樣，急忙上前探尋。

然而，當他們打聽清楚以後，才知道這是一艘販賣人口的船，哥哥連忙拖著弟弟急忙跑開。但餓了那麼多天，他們連走路都有問題了，更別說跑步，一下工夫，兩個瘦弱的小伙子便被一名壯漢硬拖上船。

就這樣，小兄弟成了人口販子的奴隸，跟著船四處流浪，哥哥最後被賣到較富庶的芝加哥，弟弟卻被賣到貧窮的東南亞某處。

哥哥遇上一個白白胖胖的孤寡老頭，每天幫這個老人家煮飯、洗衣服，雖然忙碌，但總算衣食無缺。直到三年後老人死去，他才被其他家人趕到街上。

好在，工作認眞負責、做人老實的哥哥，很快地便找到一間小飯店的工作。

他什麼事都肯做，讓飯店主管非常肯定，發展也越來越順暢。

幾十年過去了，哥哥腳踏實地，處世極為謙虛誠懇，娶妻生子後，總不忘記告訴孩子：「你們雖然讀了很多書，但做事一定要實實在在的，不可好高騖遠，安安分分做好每件事才是最重要的。」

抱持著務實的觀念，哥哥成為芝加哥僑界最具聲望的領導人物，開了兩間餐館、兩間洗衣店和一間雜貨鋪，而且子孫滿堂，一個個也成就非凡。

至於讓哥哥牽腸掛肚的弟弟，其實過得也不錯。被賣到落後國度的弟弟，到了一個橡膠園當廉價勞工。

聰明的他得到不少人的肯定，其中一個人，便是橡膠園園主的寶貝女兒，經過一番競爭，弟弟不僅贏得芳心，同時也獲得了園主的肯定。

當了乘龍快婿的他，得到岳丈的支持，開始積極求學，大學畢業後，大膽地投入房產業。幾年之後，他擁有的資金快速成長，接著開始涉足金融業，不斷地收購、擴張企業，生意越做越大。

這個弟弟後來成了出色的銀行家，也繼承了岳父的產業，一九八八年，失散四十多年的兄弟碰巧在返鄉尋根的時候找到了彼此，這時的他們再也不是當年的貧苦小兄弟。

所有的苦難都會過去，只要願意面對，就可以從中到機會。

小螺絲釘也有大作用，好的角色不在於是否光芒四射，而在於是否淋漓盡致地演出！就像戲劇裡的配角，雖然戲份不重，但好的配角總是最能吸引觀衆的注意。弟弟的成功確實讓人佩服。論膽量，哥哥確實比不上他，但若論思考的周延，對人事物的謙和，又屬哥哥最爲人敬重。

我們大可依自己的個性與特質，選擇喜好的角色來學習，只要能充分發揮所長，只要能各自發現自己的價值，在廢棄物堆中也能得出一番成就。

英雄不論出身高低，成功者沒有絕對的條件，只要放下自怨自艾的心態，踏實也務實地規劃未來，無論在任何領域中，都能把握機會，都會是最具特色也最出色的主角。

9.
PART

機會是否存在，取決於心態

別再用心情處理事情，
不要忽略了生活中的每一個細節，
學學堅持與不放棄，
認真地檢查你的態度吧！

實際行動勝過揣測不定

生活中不免遇到問題，何不放下不安的心情，少一點想像和猜測，多一點勇氣面對與積極解決的行動力？

每當一種新食品出爐時，我們總會對內容物充滿複雜的感覺，因爲好奇所以想試一試，卻又擔心口味不對胃，這時有人會等待別人先嘗試，有人會自己積極嘗試，不知道你常怎麼決定？

人生中的各種問題其實就如同嚐鮮一樣，擺在心裡好奇不已，想試卻又不敢試，因而遲遲無法決定的情況，不就像解決問題或邁向新生活目標一樣，只是那麼多遲疑，對我們有何助益？

不妨聽服務生的話：「試了就知道」，大膽一試之後，自然就會知道東西到底對不對胃，事情到底容不容易解決。

在某個菜園裡，擺放了著一顆很大的石頭，寬度大約有三十五公分，高度有十二公分，曾經走進菜園的人，幾乎每一個都會不小心踢到那顆大石頭，不是被大石頭絆倒，就是被它尖銳的角刮傷。

有一天，小女兒忍不住對父親埋怨地說道：「爸爸，你爲什麼不把那顆討厭的石頭挖走呢？」

農夫爸爸回答說：「妳說那顆石頭啊，它可是從妳爺爺那個時代就有了，而且一直從以前放到現在，其實，老爸也不是沒想過要搬移它，可是妳看看，它的體積那麼大，眞不知道要挖到到什麼時候呢？何必浪費時間去挖它，只要我們小心點走路就好了。再退一步想想，我們還可以藉此來訓練自己的反應能力，不是挺好的？」

就這樣，這塊惱人的大石頭再次被保留在原地，繼續考驗著這一家人的「忍耐力」和「反應能力」。

又過了不知道多少年，這顆大石頭已留到了新一代出生，當年的小女孩已經結婚生子了。

有一天，女婿來到女孩家，被派到園子裡摘點新鮮蔬菜，只是女婿才剛走出去，不一會兒工夫便見他氣呼呼地走回到屋裡，並對著家人說：「爸爸，菜園裡那顆大石頭擺在那兒實在不妥，改天請人搬走好了。」

老爸爸還是笑著說：「算了吧！那顆大石頭看來很重的，再想想，要是可以搬移的話，早在我小時候就被搬走了，哪裡會讓它留到現在呢？」

女婿聽了雖然不大認同，但也不好反駁，只是心裡默默地想著：「不行，不搬開的話，大家不知道還要跌倒多少次，還是把它搬開吧！」

第二天早上，只見女婿一個人帶著一把鋤頭和一桶水來到菜園裡，先是將整桶水倒在大石頭的四周，約莫等了十分鐘之後，再舉起鋤頭，輕輕地在大石頭四周攪鬆泥土。

女婿原本心裡已經做好準備要花一天的時間來挖，未料，竟不用十分鐘就好把石頭挖起來。原來，這看起來沉重的大石頭，埋在土地的面積居然不到土壤外的百分之一啊！

雖然農夫一家人都討厭那顆大石頭，也都覺得它阻礙了大家的生活腳步，但是農夫卻沒想到往後生活、工作的便利性，只想著搬移石頭的困難度，也只顧著找各種理由和藉口推諉，始終不肯試一試。若非女婿的積極嘗試，這一家族的人恐怕要受困於這顆「大石頭」一代又一代。

從農夫身上反省我們自己，是不是也曾有過相似的狀況，又是否也曾因爲一些無謂的猜想煩惱，而讓自己始終困在原地踏步？

眼前的大石頭不搬開，或許眞能訓練我們的耐力與敏銳度，但若是這麼想，搬移了石頭，我們不僅能多空出一小塊土地發揮，行動也能不再因閃神而受傷，不是更一舉兩得！

生活中我們不免遇到難以解決的問題，也總會想著其中的麻煩，猜測著可能難度，但無論我們怎麼臆猜，事情總要解決面對，陷在猜疑不定的心情裡，不可能將事情處理好。

既然如此，何不放下不安的心情，少一點想像和猜測，多一點勇氣面對與積極解決的行動力？

早一點把問題解決，才能少一點「早知道」的遺憾。

得失心少一點，快樂就會多一點

何必因為意外的得失自怨自艾？別把得失看得那麼重，不管生活貧困或富有，只求生活快樂最重要。

有段生活禪詩是這麼寫的：「春有百花秋有月，夏有涼風冬有雪；若無閒事掛心頭，便是人間好時節。」

只要得失心少一些，我們的心田自然能容納更多的富足感。

只要內心富足，我們就不會因爲得失而陰晴不定。

尤里斯是個很有才氣的畫家，在他的作品中，總是能感受到一份快樂的情緒，他曾說：「人生很快樂，所以我喜歡畫快樂的世界！」

這天，有個朋友拿著彩券走了進來，看見尤里斯又在辛苦作畫了，忍不住勸他說：「尤里斯，勸你還是去買張彩券試試運氣吧！只需花兩馬克，你就有機會可以賺到很多錢。」

尤里斯笑著說：「好哇！」

沒想到第一次買彩券，尤里斯居然中了五十萬馬克。朋友羨慕地說：「沒想到你這麼幸運，一次就中，以後你可以不必再畫畫了！」

尤里斯笑著說：「是啊！以後，我只需要在支票上畫數字就可以了。」

賺了一筆意外之財的尤里斯，立刻買了一幢別墅，還花了一大筆錢裝飾這間房子。屋子完工後，尤里斯獨自來到屋子裡，感受一下新房子的氣派。

尤里斯滿足地坐在華麗的波斯地毯上，仔細欣賞著華麗的新房子，並點燃一根煙，靜靜地感受這個意外之財帶給他的幸福。但是，這樣的幸福感卻不持久，只見他站了起來，吐了口氣說：「眞是孤單，還是到朋友家去吧！」

他隨手把煙一丟，便走了出去。

他完全沒料到，這個很平常的丟煙動作，卻把他的幸運一瞬間燃燒精光。因為，他忘了，這個地方不像過去的那間石屋，鋪在地上的不再是粗糙耐用的石板，而是脆弱易燃的波斯地毯。

朋友們知道這個不幸的消息，紛紛前來安慰尤里斯，有人說：「尤里斯，你真是不幸啊！」

只見尤里斯不解地問：「為什麼不幸？」

朋友以為尤里斯傷心過度，忘了發生什麼事，便提醒他：「你好不容易得到五十萬馬克啊！真沒想到就這麼一下子，全部又沒了。」

尤里斯看著朋友，接著開朗地大笑說：「什麼五十萬馬克？其實，我只損失兩馬克而已呀！」

人若是不能用平常心看待財富，就會患得患失，就像英國諺語所說：「財富在辛苦中得來，在憂慮中保持，在悲傷中失去。」

如果，用金錢換得的全是孤單和寂寞，有多少人眞的願意一個人獨坐在寂寞的金山上呢？意外之財本來就不是我們的，當它意外地消失時，多數人不過是回到原來的生活而已，並沒有任何損失，何必因此自怨自艾？

所以，別把得失看得那麼重，學學尤里斯吧，得到或失去的心情，無法撼動他對人生的看法。不管生活貧困或富有，只求生活快樂最重要。

看事情的角度，決定你是否幸福

有人只知怨天尤人，無法以客觀的角度將一切事情看個清楚，必須放下埋怨、不平的心情，才能理智看待一切。

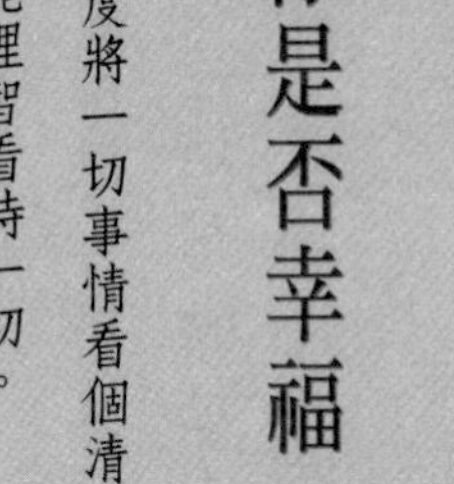

你的人生烏雲密佈，找不到方向嗎？

不要讓低迷的心情影響你的決定，而要試著改變看待事物的角度。告訴自己，在灰暗的天空中，如果看得見一道曙光，那麼你的人生就沒有什麼「不可能」的！

一九三四年的春天，愛波特在威培城西道菲街散步的時候，目睹了一件事，也因爲這件事，讓他的人生觀有了重大的改變。

在這件事發生之前，愛波特有一間已經開了二年的雜貨店，但是，這間店的生意並不好，不但把他的積蓄都賠光了，還負債累累。不久，他便把雜貨店給關了。雖然店已經關門了，但還是必須先把貸款還清，才能回到故鄉堪薩斯重新開始。

生意經營失敗的愛波特，因爲這個打擊，失去了一切的信念和鬥志。就在這個時候，有個失去雙腿的人朝著他的方向走來，這個缺腿的人坐在一個木製的車子中，靠著雙手的力量拄著拐杖往前滑走。

兩人剛好在過馬路時相遇。缺腿的人滿臉精神微笑地向愛波特招呼著：「先生，您早啊！今天天氣眞好，不是嗎？」

愛波特看著他，突然間感到非常慚愧，忍不住低下頭，看著自己健全的雙腿，心想：「我多麼幸福啊！我有兩條健康的腿可以走路，再看看人家，失去了雙腿卻還能這麼快樂，這麼充滿自信，我還有什麼地方不滿足？」

心中有了這樣的對比，愛波特忽然覺得，自己是全世界最幸福的人，心情也開闊了起來。

原本還在煩惱貸款的他，決定鼓起勇氣，再向銀行借了二百元，並在他跌倒的地方，重新開始。

後來，他每天早上梳洗時，都會仔細地讀一遍鏡子上的文字：「我憂鬱，因為我沒有鞋；我幸福，因為我看見他沒有腳！」

有句俗諺這麼說：「你騎馬來我騎驢，看看眼前我不如；回頭一看推車漢，比上不足比下餘。」

幾乎所有的人都要經過比較，才懂得這番道理；然而還是有很多人，就算有得比較，仍然看不見這番道理。

有人看見推車漢，從此懂得知足的幸福；有人看見騎馬人，只知怨天尤人，即使看見推車漢，也無法以客觀的角度將一切事情看個清楚，只會怨懟：「唉，活在這樣的世界眞不幸啊！」

你怎麼看待你的世界呢？

不努力的人請往上比較，不知足的人請往下體會，必須放下埋怨、不平的心情，才能理智看待一切。

這個世界就是這樣，它的多元，不只是在功成名就的層面上，更存在於我們追求的幸福人生中。

機會是否存在，取決於心態

別再用心情處理事情，不要忽略了生活中的每一個細節，
學學堅持與不放棄，認真地檢查你的態度吧！

機會人人都有，只是每個人等待機會到來的時間長短不同。

但是，從另一個角度來說，機會並不是人人都有，因爲每個人等待機會到來的耐心，也是長短不同的。

不要忽略了生活中的每一個細節，即使只是張履歷，也要因應不同的公司特質，針對他們需求的條件認眞地修改，才能展現你的誠意。特別是在寄了一百封應徵信還得不到回應時，你該做的是改變心態，而不是情緒化的處理方式是不可

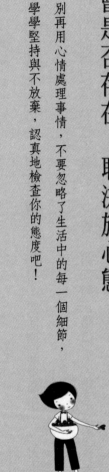

對你有幫助的。

三年前，四十歲的喬伊遭到公司無預警裁員，一家人的生活頓時陷入困境。爲了養家活口，他只好四處打零工，賺點錢維持家計。

喬伊一邊打工，一邊尋找正職，但是面試時，他們不是以年齡太大拒絕，就是說沒有空缺。雖然處處碰釘子，喬伊卻從未失去信心。

有一天，他發現住家附近有一家建築公司，於是他寄了第一封求職信到這間公司。信中他沒有吹噓自己的才能，也沒有提出任何要求，只簡單地寫了七個字：「請給我一份工作。」

老闆收到這封求職信後，便直接轉交給秘書，要他們回覆喬伊：「對不起，公司沒有空缺。」

喬伊收到回信後一點也不難過，又寄了第二封求職信去，還是沒有多說自己的才華，只是在第一封信上多加了一個字：「『請』請給我一份工作。」

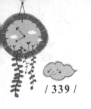

從此，喬伊一天寄兩封求職信，而且每封信上都沒有多談自己的情況，只在信的開頭上，比前一封信多加了一個「請」字。

三年的時間，喬伊寫了二千五百封信，第二千五百封信的「給我一份工作」的前面，已經累積了二千五百個「請」字。

當建築公司的老闆見到第二千五百封求職信時，終於沉不住氣了，親筆回了一封信：「請即刻來公司面試。」

面試的時候，老闆告訴喬伊，公司裡最適合他的工作就是處理郵件，因為他很有耐心。

曾經有人問他：「為什麼你在每封信上，只增加一個『請』字呢？」

喬伊微笑地回答：「沒什麼特別的，因為我沒有打字機，這個動作是為了讓他們知道，這些信沒有一封是複製的。」

另外也有人問老闆：「您為什麼願意錄用喬伊呢？」

老闆幽默地說：「當你看到信上有二千五百個『請』字時，如果還不被感動，恐怕就有點冷血了！」

看完了故事，或許有人要嘲笑喬伊的笨或臉皮厚，但是不可否認的，因為他的「誠意」與「執著」，終於讓他找到了適合的工作。若是喬治因爲一時的受挫，陷入灰心喪氣的情緒中，不願奮起振作，必然會失去工作的機會。

曾經看到一則報導，有個人應徵不下百間公司，而且不管應徵的職務是否相同，他寄去的履歷全是統一格式。

專家問他：「你的履歷表怎麼這樣寫？」

他說：「我又不是第一次找工作，隨便寫寫就好了！」

還在失業中的你，是不是也抱著這樣的態度，用隨便的心情找工作呢？別用心情處理事情，別再抱怨自己找不到工作了，學學喬治的堅持與不放棄。還有，認眞地檢查一下你應徵的態度吧！

不逃避，便能贏得敬意

一時的避和意氣，不可能將事情處理好，冷靜處理自己一時想逃避的心情，勇敢面對最忠實的理念，便能贏得所有人的敬意。

「人無信不立」，信譽是一種無形的資本，一個人的信用比有形的金錢或能力更爲重要。人們常說「信用即是財富」，便是這個道理。

一時的逃避和意氣，不可能將事情處理好，特別是情勢不利於你的時候，眞正能得到人心的人，要有無人能比的信譽和信念。

當年巴黎公社失敗後，反動軍便開始屠殺參與者，刑場上，犯人一個個被押到土牆前，等候槍決。

在典獄長的監督下，有十二名槍手執行槍決任務，這時有個十六歲的少年被押了上來。

沒想到，少年忽然跪了下來，向獄長哀求：「先生，我的母親就住在附近，我死後她就沒有依靠了。我這裡有只金錶，能不能讓我把金錶送給她後，再回來等候槍決？」

典獄長看著少年，想起家中同齡的兒子，忍不住動了惻隱之心：「好，我相信你，你去吧！」

其實，典獄長心中還想著：「他只是個孩子，放就放了吧！」

看著少年的背影，每個人都想：「他走了，還會回來嗎？別想了！」

沒想到五分鐘後，人們又看見少年的身影了！只見他氣喘吁吁地跑了回來，還站回到堆滿屍體的土牆前。

少年堅強地說：「先生，謝謝您！您可以開始了！」

在這樣的情境中，原本充滿仇殺的氣氛忽然間都不見了，這個少年身上居然充滿著勝利的驕傲，一種神聖不可侵犯的精神，正濃烈地散播著。

執行官呆了好久好久，當男孩緩緩地閉上雙眼時，他才艱難地舉起了槍，用著顫抖不停的手，開了一槍……

因爲對承諾的堅持，讓年輕人的精神不死，也因爲他的誠信和勇於面對，反而征服了敵人的心。

一旦偏離了誠信，想要看見成功的機會，恐怕很難了。

當你也被少年的誠信和信念感動時，不妨重新審視自己的待人處事方式，何不用相同的方式面對未來？

冷靜處理自己一時想逃避的心情，勇敢面對最忠實的理念，便能贏得所有人的敬意。

不強出頭，才能堅持到最後

做任何決定前，還是得衡量自身狀況，將一切控制在自己能負擔的範圍內，才能達到最好的成效。

美國知名魔術師大衛．布萊恩爲了創新世界紀錄，曾經在注滿水的玻璃缸裡待了八天七夜。

這種「亡命」式的表演，雖然贏得紀錄，卻讓他的身體受到很大的損傷。

不管做任何事，都必須量力而爲，過與不及都不是一件好事。

一九九九年冬天，法國某地舉行了世界性的吃蝸牛冠軍賽。來自各地的高手紛紛聚集於此，準備大顯身手。一位法國青年一鼓作氣，三分鐘內吞下一百七十二隻蝸牛，奪得了世界冠軍。

正當觀衆們熱烈地向他祝賀時，這位冠軍忽然腹痛難忍，倒在地上痛苦地打滾。救護車立即將他送到醫院，檢查結果是暴食暴飲引起的急性胃擴張，醫生千方百計地搶救，還是宣告無效，這位世界冠軍就這樣活活脹死了！

二〇〇〇年夏天，某城市一家新品種的啤酒問世，廠商爲了促銷，就在市中心的廣場舉行喝啤酒大賽，得到冠軍的人可以獲得大筆獎金、一輛摩托車和一輩子喝不完的啤酒。

有一位壯漢在五分鐘內灌下了十一瓶鮮啤酒，奪得冠軍，廠商立即頒發獎金和獎品給這位壯漢。正當這位冠軍準備跨上摩托車耀武揚威之時，突然從座位上摔了下來。人們急忙把他送往醫院急救，經過檢查，確定爲急性酒精中毒，立即展開搶救，二十四小時後壯漢才脫險。

可是，萬萬沒想到，過沒多久他又腹痛難忍，大汗淋漓，四肢發涼。醫生又對他進行全面檢查，發現是合併急性壞死性胰腺炎。雖然再次全力搶救，但因病情過重，兩天後死在急診室裡。

或許有人會說，那是因爲吃了太多蝸牛、灌了太多的啤酒才會有如此下場。殊不知，就算是水，喝太多也會導致死亡。根據一項醫學報導，人在短時間內攝取過量水分，會使得腸道積聚大量水分，體內電解質濃度產生變化，被大量稀釋，新陳代謝就會受到劇烈影響，使人意識不清、昏迷，甚至死亡。

挑戰人類的極限，或許對一些人來說是一生的夢想，就算丟了生命也無所謂。但是做任何決定前，還是得衡量自身狀況，將一切控制在自己能負擔的範圍內，才能收得最好的成效。

有想法，也要有做法。制定標準時，要以「剛剛好」爲原則，才能讓自己用更寬大的心胸、更廣闊的視野看待一切事物。

忘卻恐懼才最實際

生命最難過的不是面對死亡，而是不知道要如何生活。走在生老病死的人生路上，我們真正要煩惱的是要怎麼「生活」。

自古以來，哲人們對生死大事便有許多討論。

孔子說「未知生焉知死」，有人則認爲「知死然後知生」。

這兩個看似相反的認知，其實要闡明的道理相同，就是要「把握當下，好好地活著」！

這天，哲學家藍姆．達斯來探望一個罹患絕症的婦人。

只見這個婦人有氣無力地訴說著死亡的可怕：「唉，我就快死了！你還來看我，唉，人死了……」

藍姆．達斯聽見婦人滔滔不絕地訴說著死亡的可怕與病痛的煎熬，忍不住搖了搖頭。

當婦人喘口氣，準備繼續說時，藍姆立即打斷：「您可不可以別花那麼多時間想像死亡？您何不把握時間，好好地活著呢？」

藍姆打斷她的話時，婦人情緒很差，但是，就在藍姆懇切地建議她，好好地活下去時，婦人忽然間也頓悟了。

她開心地說：「您說的對！這些日子以來，我一直忙著『死亡』的事，完全忘了該怎麼『活』，謝謝您！我明白了。」

一個星期後，這個婦人安詳地走了。

臨死前，她心滿意足地對朋友說：「這個星期是我生命中最精采的時光，真要謝謝藍姆．達斯。」

想像自己正在生死關頭，你會怎麼看待這場生命最後的拔河賽？事實上，生命最難過的不是面對死亡，而是不知道要如何生活。走在生老病死的人生路上，我們眞正要煩惱的只有一項，那就是要怎麼「生活」。

死亡的可怕不是因爲死，而是很多人直到臨死之前才忽然發現，自己還有太多未完的遺憾。

精力充沛時，不覺得事情的重要，每天任由生命虛度；直到面臨死亡，才驚覺原來自己有這多事情要做，原來，人生這樣短暫、珍貴。此時，最需要做的便是忘卻未來死亡的恐懼，好好把握「現在」才最實在。

就像故事中的藍姆·達斯傳達的意思：「如果你還時間想像死亡，何不好好地活著？」

人生大事，不能衝動行事

人生路走得開不開心，我們時時都能深刻感受到，一旦發現不對，就要即時煞車，勇敢面對。

關於婚姻事，常有人自囿於年紀壓力，匆匆找個伴，婚後卻總是聽見他們懊悔：「當初眞不該這麼衝動，眞該想清楚的！」

其實，做任何事本來就要想清楚，不能衝動行事，處世是這樣，待人更該如此，談感情更是要謹愼小心。因爲，婚姻路一旦踏上了，就不像其他事可以輕易地隨時轉道，另闢新路了。

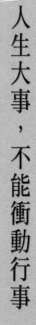

結束了近十年的婚姻，她如釋重負跑到海邊，大聲狂叫著：「自由了！我終於自由了！」

將近五年的思索，她天天要求自己要冷靜客觀地剖析。在這三十三歲的人生時刻，她忽然發現自己一直都生活在別人的陰影中，習慣以別人的標準和意思來做事，甚少想過自己是否喜歡、是否開心，爲了符合家人朋友的看法，她不斷地委屈隱藏自己心裡的聲音。

她發現，之所以會有這樣情況全是父親的關係。在這個父權爲重的家庭裡，事事都得以「父」爲尊，一切都得聽父親的指令，她和弟弟從小所有大小事情都由父親做主，決定一切，誰都沒有發言權。

雖然中間尚有母親安撫說情，但母親過世後，父親大男人的個性變本加厲，不僅事事干涉，甚至一不順心便會對他們又打又罵。後來，弟弟實在忍受不了離家出走，讓她獨自面對承擔這一切。

少了弟弟，女孩便成了父親唯一的希望和寄託，女孩乖乖地照著父親的盼望前進，也乖乖地完成了父親期望的每一件事。

一切事情看起來都十分順利。求學時期，她保持名列前茅，在老師們的眼中是個難得的好學生，在同學的眼中更是個聰慧非常的好女孩，特別是在大學校園裡，她更是成了不少男孩心底的夢中情人。

畢業後，在父親的安排下，她成爲一位企業家的兒媳婦，也風光地冠上了總經理夫人的頭銜，這對外人們來說自是十分羨慕。表面上看來，女孩擁有了一切，日子也過得悠閒安逸，但是有個聲音卻悄悄地在她耳邊響起。

已爲人妻的她，心中忽然堆起了一個又一個問號：「這就是我想要的人生嗎？鏡子裡的人是我嗎？」女人忽然對人生感到前所未有的迷惑，看似擁有一切，實則卻是一無所有。

也難怪她會有這樣的感覺，因爲她的婚姻自始至終都是場交易，兩個人從未愛過彼此，不是爲愛結合的兩個人，感情上始終是空白的。貴婦日漸憂鬱，笑容越來越少見，直到……

當丈夫被爆料醜聞的那一刻，婦人居然笑了，爲何如此，連她自己也不知道，但是當丈夫醜聞消息曝光後，她卻一點也不生氣，反而很平靜地向丈夫提出了離婚要求。

一家人冷靜談過之後，女人很快就拿到離婚證書，二話不說離開這個生活了將近十年的家。

接下來呢？她沒有回娘家，而是在外面找了一間房子，重新開始她的人生，她決定要好好珍惜自己的下半生：「這個自由得來不易，不管別人怎麼看，我都要勇敢做自己想做的事，也要做些能讓自己眞正感到快樂的事！」

想必不少人都會這麼覺得，這大約是古老年代最常見的情況，只是，現代人眞的不會發生嗎？

別說政商間的交易婚姻，就連一般爲結婚而結婚的人，不也是一種顧全面子而妥協的交易嗎？更有一些因爲衝動而結婚，光想著一時快樂的戀人們，不也常造成錯誤的結果？

有人因爲在一塊久了，養成了慣性想法，卻忽略了心裡滿滿的困惑和無奈，說好聽叫負責任，但想想，這樣的結合眞是給對方一個幸福交代了嗎？

故事中女主角的悲劇看似讓人同情，事實上一切卻是自己造成的！表面看來是個聽話的女孩，其實只是個不敢面對自己的人，人們同情她，說她是個孝順的女兒，但換個角度想，她不也是爲了能符合人們心中的「孝順女兒」形象，因而事事順著人們點頭稱許的方向前進嗎？

不幸的婚姻從來不會是單方面的責任，該斷卻又斷不了，要斷卻又斷得不夠乾脆，究其原因，就像故事中女主角一樣，即便在談妥結婚的那一刻，她仍然不知道自己想要什麼樣的將來！

沒有人不能過自己想要過的生活，問題在於你是否有勇氣選擇。愛到底合不合適，我們早早就該冷靜想清楚，然後再做出最後的決定，如同人生路走得開心不開心，我們時時都能深刻感受到，一旦發現不對，就要即時煞車，勇敢面對，所以愛錯了要及早說再見，才不會被愛一傷再傷。

10. PART

把握當下，才能創造未來

無論昨日成功或失敗，
並無法預測你明天是成功還是失敗，
因為生活只有當下，
人生也只有現在和未來。

用「逆勢操作法」解決問題

如果大家都能心平氣和地，以智慧解決問題，那麼衝突和爭執便能減少，社會也才能避免更多新問題的產生。

人生沒有解決不了的難題，只有「不想」解決的困境，只要你願意放下腦中的那些負面想法，願意面對現實，就能讓自己踏實地活在當下，活出眞正屬於自己的亮麗人生。

不論在工作場所、社交場合，或者在一般的日常生活中，我們都免不了會與他人發生爭執。

遇到爭執的時候，不論誰對誰錯，如果只知道以強硬的態度面對，那麼爭執不但不容易化解，甚至可能還會樹立更多的敵人。

有一個剛剛退休的老人在鄉下買了一棟房子，打算在這裡安安靜靜地度過自己的晚年。

剛搬進來的第一個禮拜，老人每天都過著清靜的日子。但是這種安靜的生活才過了沒多久就被打亂了，不知道從哪裡冒出三個青少年，開始在這附近亂踢所有的垃圾桶。

他們對這個遊戲樂此不疲，可是製造出來的噪音卻使老人十分困擾，於是老人決定要跟青少年們好好地談一談。

「年輕人，」老人笑瞇瞇地對這些年輕人說：「我看你們好像玩得很開心的樣子，這樣好了，如果你們願意每天都過來踢垃圾桶的話，我就給你們每個人一塊錢。」

這三個年輕人很高興，可以玩還有錢可以拿，更使勁地踢所有的垃圾桶。過了幾天，這個老人面帶愁容地去找這些年輕人，對他們說道：「因爲通貨膨脹的關係，我的存款開始變少了。從現在起，我只能付給你們每個人五毛錢了。」

錢變少了雖然使年輕人不太開心，但他們還是接受了老人的錢，依舊每天固定來踢垃圾桶。

一個禮拜之後，老人再去找這些年輕人，滿臉歉意地對他們說：「實在很抱歉，我最近都沒有收到養老金的支票，所以現在開始，我每天只能給你們兩角五分錢了。」

「什麼！只有兩角五分錢？」一個年輕人聽完老人的話之後大叫：「你以爲我們會爲了這區區的兩角五分錢而浪費時間在這裡踢垃圾桶嗎？不可能的，我們不幹了！」

從此以後，這些年輕人再也沒有來製造噪音，老人又可以繼續過著自己嚮往的清靜日子了。

托爾斯泰曾經說過：「聰明人的特點有三，一是不勸別人照自己的意思去做，二是絕不做違背自然的事，三是容忍周遭人士的愚蠢。」

如果你能在困境中放鬆心情，不因爲不如意而任由情緒擺佈，那麼你必定能順利找到解決的方法。

故事中的老人如果選擇以強硬的方式來處理問題，就算問題可以解決，接下來的後果卻可能比原本的問題還要嚴重。

老人想到了這一點，所以選擇以「逆勢操作」的方式來處理，如此一來，不僅有效，還可以徹底地解決問題。

在現實生活中，我們也應該如此，遇到問題之時先放下自己的怒氣。如果大家都能心平氣和地以智慧解決問題，那麼衝突和爭執便能減少，社會也才能避免更多新問題的產生。

別用怒氣解決問題

當你遇到問題的時候，先別急著生氣，心平氣和地想一想，
如果生氣對解決問題有用的話，那麼再生氣也不遲。

遇到與自己的期待相反的情況時，許多人在當下的第一反應就是生氣，總是等到怒氣發洩完了之後，才會開始想辦法解決問題。

可是，成功者卻不是如此。他們在別人還在生氣發洩的時候，就會開始思考問題的解決方法，所以他們做事的時間比一般人多，成就超越常人，最後躍上成功的頂端。

有一個小公司，辛辛苦苦地趕了一批貨，交給了一家新開發的客戶，沒想到交貨之後，卻遲遲等不到客戶將貨款匯來。

因爲年關將近，公司急需這筆款項，等了兩個星期後，老闆決定親自到客戶的公司拜訪，詢問爲什麼貨款還沒有支付。

老闆在該公司等了一段時間之後，對方負責處理這批貨的人才出現，交給他一張可以立即兌現的現金支票。

老闆拿著客戶開出的現金支票趕到銀行，希望能夠立刻兌換成現金，準備過年的時候應急用。

但是，當他將支票交給銀行的櫃檯小姐時，對方卻告訴他，這個帳戶已經有很長一段時間沒有資金往來了，而且戶頭內的存款也不足，他的支票根本無法兌現。

老闆明白是那個客戶故意要刁難他，原本想立刻衝回客戶的公司和他大吵一架。但是，這個老闆一向秉持著「和氣生財」的經營原則，連忙壓下自己的怒氣，向銀行的櫃檯小姐陳述了自己的窘況，並詢問這張支票之所以無法兌現，到底差了多少錢。

老闆的態度很誠懇，櫃檯小姐便很熱心地幫他查詢。查詢的結果是，戶頭內只剩下九萬八千元，跟他的支票金額只差了兩千元。正如老闆所料，這個客戶存心和他過不去。

就在這時，老闆靈機一動，從身上拿出兩千元，請櫃檯小姐幫他存到客戶的帳號裡，補足支票的面額十萬元後，再將支票軋進去。

就這樣，終於讓他順利地領到貨款了。

我們常常可以見到，許多企業中，有些職員在各方面的能力不及別人，但卻能躍居重要的職位。

原因在於，僱主最注重的並不是職員本身具備多麼傑出的「才華」，而是他們是否是頭腦清楚、身心健全、判斷力正確的人。

只有頭腦清楚的人，才不會做出用情緒解決問題的蠢事。

照理來說，故事中這位老闆可以怒氣沖沖跑到客戶的公司抱怨一番，但是他卻沒有選擇這麼做。因爲他知道，要是他這麼做的話，不但浪費自己的時間，而且也會因此永遠失去這個客戶了。所以，他寧願把時間花在解決問題上，而不用來製造新的問題。

下一次當你遇到問題的時候，先別急著生氣，心平氣和地想一想，如果生氣對解決問題有用的話，那麼再生氣也不遲。

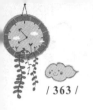

把握當下，才能創造未來

無論昨日成功或失敗，並無法預測你明天是成功還是失敗，
因為生活只有當下，人生也只有現在和未來。

回想昨日你所做錯的事，或是尚未完成的任務，對你來說，這個回想的動作會讓你充滿快樂，還是悔恨？

或許，你該記住這番話：「不要用哀悼的眼光檢視過去，而是要明智地放下，設法改變現在。學會放下，活在當下，才能擁有希望和未來。」

挪威船王阿特勒．耶伯生在三十一歲時，繼承了父親的船公司，從那天開始，他也正式展開經商之路。

經過十幾年艱苦奮鬥，耶伯生的公司從原本只有七艘船的小公司，慢慢發展到擁有九十艘船的大型公司，此外，他還進軍世界各地的油田、工廠，甚至在其他各種不同產業中也有大量投資。

有人試探性地問他：「你現在到底有多少財產？」

耶伯生搖了搖頭說：「其實，我也不太清楚，我唯一比較清楚的是，投注的保險金額大約有五十七億克朗。」

其實，耶伯生是個頗具遠見的生意人，當初接下父親的所有事業時，便發現其中的油船產業似乎沒有什麼發展空間，所以接管一年之後，果斷地賣掉了油船，退出運油的行列。

耶伯生對合作夥伴說道：「想在航運業有一番作爲，以目前的情況並不容易，因爲這家公司沒有實力，操控權其實是掌握在石油大亨們的手中，我仔細評估後認爲，如果把大部分的本錢全押在兩三艘大油船上，實在是件很冒險的事，對此，我沒有十足的把握。」

耶伯生一退出運油行業後，迅速將資金轉投資在散裝貨輪的運輸上，並與工業部門簽訂了長期的運輸合約。

一切如耶伯生預測，就在他將油船脫手後，石油運輸的投資家在七〇年代中期連遭噩運打擊，他卻穩如泰山，絲毫無損。

在握有長期合約的基礎上，耶伯生踏實經營，慢慢地增置了六千噸至六萬噸的散裝船，開始爲大企業運輸鋼鐵產品和其他散裝原料，也積累了雄厚的資本與成就光芒。

耶伯生經常說：「想發展挪威的航運業，必須朝向世界，不該把眼光逗留在國內的航運中。」

提及自己的成功經驗，他說：「你必須堅決走出去，才能看見未來，而不是一直沉緬於過去，或自限於過去的保守或成就中，要用觀察力和判斷力看見明天，看見哪裡有可利用的資本，或需要運送的貨物，那麼你就往哪裡去，而這就是我成功的關鍵。」

從耶伯生的經驗來看，能果決地前進，自然而然能看見夢想的未來，一旦態度守舊，故步自封，再好的機會也無法掌握在手。

站立在生活的高處，你看見的是自己腳下的小草，還是放眼望去的寬闊花海？

不要一直沉緬在過去的成功或失敗之中，生活也不要有太多的回望，因爲時間從不會倒轉。

用正確的心態面對生活中的過去、現在和當下，過去的已經過去，無論昨日成功或失敗，並無法預測你明天是成功還是失敗，因爲生活只有當下，人生也只有現在和未來。

所以，我們要積極地往前航行，一如故事中的啓示：「果決前進，不要把眼光停滯在目前，因為明天很快就要成為過去，一旦過去了，我們便要少掉掌握一天的好時機。」

立下志願，就要讓它實現

在實現目標的道路上，必定會有各式各樣的阻礙，也會遇到無法預料的挫折，讓許多人才剛跨出，旋即害怕退縮。

什麼是最好的人生目標，標準只有一個，那便是面對這個夢想目標，持續堅持下去，盡全力做到最好。

翻開年少的記憶簿，你是否也想起當時曾許下的人生目標？闔頁省思，目標如今是否已如願達成了呢？

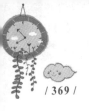

這天，中川老師給即將畢業的學生們出一道作文題目，在黑板上寫下了「今後的打算」四個字。

寫作時間結束，中川老師開始閱讀一個個偉大的目標，有人寫著：「我以後要當一名大公司的職員！」

也有人期許自己：「我要成爲一個科學家！」

當然，也有人希望能成爲醫生，救助需要幫助的人。

中川老師認眞地批閱著，在這些多元的願望中，他發現了兩篇文章最令人感動。一篇是學業成績表現不佳，但性格相當開朗的岡田三吉所作的，另一篇則是罹患小兒麻痺症的大川五郎所寫。

岡田三吉寫道：「在我很小的時候，爸爸就去世了，我對他的印象幾乎是空白的。但是，當我聽說爸爸是個手藝高超的鞋匠時，我便決定，未來我要做日本第一流的鞋匠。」

而大川五郎的願望則是：「我自知身體不如人，無法像普通人那樣能做很多工作。不過，我很幸運，有個在東京做裁縫的親戚願意給我學習的機會，雖然我的動作不甚靈巧，但是只要我努力學習，一定能做出最漂亮的衣服，將來我要做一名日本第一流的裁縫。」

看完這兩篇文章，中川老師不禁微笑：「好，日本第一流的人物！」

畢業典禮結束時，三吉和五郎上前向老師道別。

「老師，我決定明天就到金澤市的鞋店工作。」三吉滿臉自信地說。

這時，五郎小臉上泛著紅暈，也大聲地對他說：「老師，我要前往東京了，不久之後，我就要成爲一名裁縫師了。」

中川點了點頭，笑著說：「嗯！你們都要朝著日本第一流的方向出發，也要朝著日本第一流人物的目標前進。孩子，不論這條道路多麼艱難，你們都不要洩氣喔！」

少年用力地點著頭，他們聽見老師的鼓勵，對於自己的未來也充滿了信心和希望。

八年以後，他們果然分別成爲日本第一流的鞋匠與裁縫師，人們只要來到東京，向當地人問起鞋匠三吉和裁縫五郎，幾乎每個人都豎起大拇指說：「好！」

每個人都一定會有夢想，也一定會有心中最想做的事。然而，在實現目標的道路上，必定會有各式各樣的阻礙，也會遇到許多無法預料的挫折，這些難關讓許多人才剛跨出，旋即就因爲害怕而退縮，甚至連夢想和目標也慢慢地被擱置了。

至於能實現目標的人，不是因爲他們的機運比別人好，也不是他們的天賦比別人強，只是他們和三吉與五郎一樣，始終都相信：「我的目標一定能實現，我一定能成爲第一流人物！」

堅毅與自信是他們成功的關鍵，當然也是無法達成目標的人最缺乏的條件。每一個夢想都有實現的機會，只要我們立定目標的那一刻，能和三吉、五郎一起將中川老師的勉勵銘記在心：「再艱難，你們都不要放棄，我相信你們一定會成功！」

年紀越大，心態就要越年輕

只要你不放棄讓自己隨時保持年輕和熱情的心態，那麼年齡對你而言，並沒有太大意義，只不過是一個數字而已。

不知道你有沒有看過這種情形：明明才一個二十出頭的年輕人，卻總是一副無精打采的樣子；可是反觀有些七、八十歲的老人家，卻依然神采奕奕，容光煥發得像年輕人一樣。

之所以會產生這種現象，其實都是因爲心境造成的。

你認爲你是什麼樣的人，你的外表就會展現出你所想的樣子。

畢卡索於一九六六年，在法國巴黎舉行了一次個人回顧展，展出的作品依照創作年代的順序來排列。

在這一次的回顧展中，可以清楚地看出畢卡索畫風的轉變。

在他創作的初期，作品大都以風景畫和靜物寫生爲主；到了中期，很明顯地可以從風景畫中，看出有一些不諧調的色彩出現，而靜物的寫生，也不像初期那樣的寫實。

等到後期，畢卡索的作品開始展現出世人熟知的畫風：抽象而且變形的人體、充滿活力的線條，以及各種用色大膽的幾何圖形，形成能夠引人徜徉在其中的無盡趣味。

畢卡索有一位畫家兼評論家朋友，看完這次的回顧展後，問當時高齡八十五歲的畢卡索說：「你這次畫展的排列順序，眞是令我感到不解。你初期的作品看起來穩重嚴肅，但是越往後發展，越是顯得狂放不羈，好像完全沒有規則可循。

依我看，你的畫作年代排列，應該要倒過來才對。」

畢卡索聽了朋友的話，笑笑地回答說：「人一旦上了年紀，往往需要很長的時間，才能夠回復青春，但是只要你願意，你還是可以做得到。我的畫想要表達的，就是這種想法。」

人生，其實就是我們自己彩繪的圖畫，要展現什麼色調，表達什麼意涵，決定權也全都在自己手上。

人生的價值並不是依據外表的美醜、財富、地未來衡量，而是你是否對自己深具信心，是否敢讓自己越活越年輕。

畢卡索用他的畫筆，展現出他年輕的心境，也說明了，一個人的年紀大小，並不代表他的生活態度和想法。

只要你不放棄讓自己隨時保持年輕和熱情的心態，那麼年齡對你而言，並沒有太大意義，只不過是一個數字而已。

沒有判斷力的人會提早出局

處在這個變化迅速的時代，唯有早人一步做出正確的判斷，才能保證自己不被淘汰。

想要成爲一個成功者，首先必須具備的條件，就是懂得取捨，能在危急的時候做出最正確的判斷。可是，要培養出權衡輕重的能力並不是容易的事，除了必須隨時注意周遭環境的動態之外，敏銳的觀察力也是不可或缺的。

有位作家曾經寫過一則饒富寓意的親子對談。

有一個小孩拿著一本故事書，跑到媽媽的面前，滿臉不解地問道：「媽媽，司馬光打破了水缸，救出跌落在缸裡的小孩，可是水缸被打破了，不是一件很可惜的事嗎？」

媽媽回答小孩：「但是他不立刻打破水缸，又沒有大人幫忙的話，那個小孩子很可能會因此淹死，所以只好把水缸打破啊。」

過了不久，小孩又指著《伊索寓言》故事書上的圖畫，問媽媽說：「媽媽，烏鴉爲了喝瓶子裡的水而把小石頭丟進瓶子裡，可是，烏鴉難道不怕小石頭弄髒水嗎？」

媽媽很有耐心地向小孩解釋：「當時烏鴉非常口渴，而且又找不到別的水源，當然只好忍耐著髒了。」

沒隔幾分鐘，小孩又拿了一份報紙過來，指著上面的一則新聞說：「媽媽，這個人在山裡面割草的時候被毒蛇咬傷了，居然用鐮刀把自己被咬的腳趾砍斷，眞是太可怕了！」

媽媽對小孩說：「這是因爲，他知道被毒蛇咬到，如果不立即治療是會死掉的，而且當時離山下很遠，根本來不及找醫生，所以只好把腳趾砍掉，不然的話，他就會死在山上了。」

媽媽把小孩抱過來，溫和地對他說：「司馬光如果珍惜水缸的話，跌入水缸的小孩很可能就會淹死；烏鴉如果怕石頭髒，很可能會因此而渴死；割草的人如果不砍掉自己的腳趾，那麼他就會因此喪命。所以，你要記住，權衡輕重的判斷力是很重要的。」

洪應明在《菜根譚》書中寫道：「橫逆困境是鍛鍊豪傑的一副爐錘，能受其鍛鍊，則身心交益，不受其鍛鍊則身心交損。」

不管遇到什麼困境，只要我們仍舊保持著積極樂觀的心態，就不難做出最正確的決定，獲得自己需要的助力。

人類的一切發展，不管內容如何，都可以看做是一系列不同的創造過程。創造與需要以特定的方式彼此緊緊聯繫著。

需要，就像是一位嚴肅而又親切的老師，教導著人類利用頭腦，發揮本身的聰明才智，去克服自己所遭遇到的種種困難。如果人遇到困難之時，不懂得運用腦力爲自己創造奇蹟，那麼，就無異是屈服於命運的低等動物。

處在這個變化迅速的時代，唯有早人一步做出正確的判斷，才能保證自己不被淘汰。要比別人早一步做出正確的判斷，平時就得先培養自己權衡輕重的能力，只有如此，才能在現代社會中擁有一席之地。

不要淪為慾望的奴隸

要記住，慾望是人類的工具，目的是用來讓人類生活更好，
而不要讓自己淪為慾望的奴隸。

有位作家曾經這麼說：「人的慾望就像『魔戒』一樣，只要動了貪念，就無法讓自己獲得幸福。」

的確，貪得無厭、不懂得知足的人，永遠無法得到自己想要的，因爲，他的慾望像一個「無底洞」，誰也無法將它填滿。

現代人的物質生活雖然很豐富，但是，由於瘋狂而盲目地追求身外之物，心靈卻逐漸空虛。

不管是權力、名位，還是金錢，帶來的快樂都只是暫時的，雖然它們的重要性不容懷疑，但是，無論它們在現實生活中再怎麼重要，也不能用來交換心靈的快樂與滿足。

那是因爲，快樂是精神層次的感受，不是物質層次的東西可以替代的。

據說，上帝雖然依照自己的形象創造了人類，可是不想將生命的秘密告訴人類，怕人類知道之後會威脅到衆神的威嚴。

但是，上帝左思右想，又不知道該把生命的秘密藏在什麼地方，才不會輕易被人類發現。

上帝於是召集衆神，問他們有沒有什麼好辦法。

其中，一個天神提議說：「乾脆我們把這個秘密埋藏在高山上面，這樣人類就找不到了。」

上帝想了一下，覺得不妥：「可是，萬一有一天人類去山上開墾的話，不就被發現了嗎？」

又有一個天神提議說：「那就把這個秘密藏在最深邃的海底好了。」

上帝又搖搖頭說：「這個方法也不好。我賜予了人類智慧，等到他們以後發展出高度的科技文明時，自然也有辦法到深海底探勘，到時候這個秘密還是會被找出來的。」

就在衆神都想不出好的方法之時，有一個排在最後面的天神走到上帝面前，說道：「我有一個好辦法，乾脆把生命的秘密藏在人類的心靈深處，因爲人類的天性只會不斷向外追尋，從來不會探索自己的內心深處。把生命的秘密放在這裡，人類就永遠找不到它了。」

上帝聽了覺得有理，於是採用這位天神的辦法，從此便將生命的秘密藏在每個人的心靈深處。

在這個世界上，能眞正發現「自己」，並且把內在最美好的能力發揮出來的人並不多見。

因爲，大多數的人並不清楚自己的「生命資產」有多麼豐富，也不知道該如何靈活運用。

只要找到「生命的秘密」，就能擴展我們的視野，開發我們的能力，並喚醒我們的潛能，我們會感到有一股全新的力量在血液裡迴旋激盪，有一種蓬勃的激情在全身上下身洶湧澎湃。

的確，生命的秘密就在你我的心靈深處。

我們都只是塵世裡凡人，心裡都會有著各種慾望，而且正因爲有了這些慾望才會激發不斷進步的動力。

擁有適度的慾望並不是一件壞事，但是要記住，千萬不要讓過多的慾望蒙蔽了自己的心靈。否則，你不但會越來越不快樂，同時在人生的過程中，遍尋不著生命的眞正意義。

要記住，慾望是人類的工具，目的是用來讓人類生活更好，而不要讓自己淪爲慾望的奴隸。

ENCOURAGE YOURSELF

越不被看好，就要**勉勵自己做到最好**

瞧不起你的人，就是你的貴人

凌越——編著

馬丁路德曾經寫道：
最終衡量一個人是否成功，不是看他一帆風順的時候做什麼，
而是看他在艱苦和困難的時刻，是否懂得用坦然的達闊心態去面對。

每個人都會遭遇失敗挫折，也都有遭人看輕的時候，一味自怨自艾非但於事無補，也會讓你更加讓人瞧不起
與其抱怨為什麼大家都不看好自己、嘲弄自己，倒不如把噓聲當成鼓勵自己的掌聲，
把這些輕視自己的人當成鞭策自己的貴人，努力活出自己的一片天。

生活良品

18

處理好心情，才能處理好事情

作　　者　文蔚然
社　　長　陳維都
藝術總監　黃聖文
編輯總監　王　凌
出 版 者　普天出版家族有限公司
新北市汐止區忠二街 6 巷 15 號
TEL / (02) 26435033 (代表號)
FAX / (02) 26486465
E-mail：asia.books@msa.hinet.net
http://www.popu.com.tw/
郵政劃撥 19091443 陳維都帳戶
總 經 銷　旭昇圖書有限公司
新北市中和區中山路二段 352 號 2F
TEL / (02) 22451480 (代表號)
FAX / (02) 22451479
E-mail：s1686688@ms31.hinet.net
法律顧問　西華律師事務所・黃憲男律師
電腦排版　巨新電腦排版有限公司
印製裝訂　久裕印刷事業有限公司
出 版 日　2020 (民 109) 年 7 月第 1 版
ISBN◎978-986-389-730-9　　條碼 9789863897309

國家圖書館出版品預行編目資料

處理好心情，才能處理好事情／
文蔚然著.—第 1 版.—：新北市,普天出版
民 109.7 面；公分. - (生活良品；18)
ISBN◎978-986-389-730-9 (平裝)

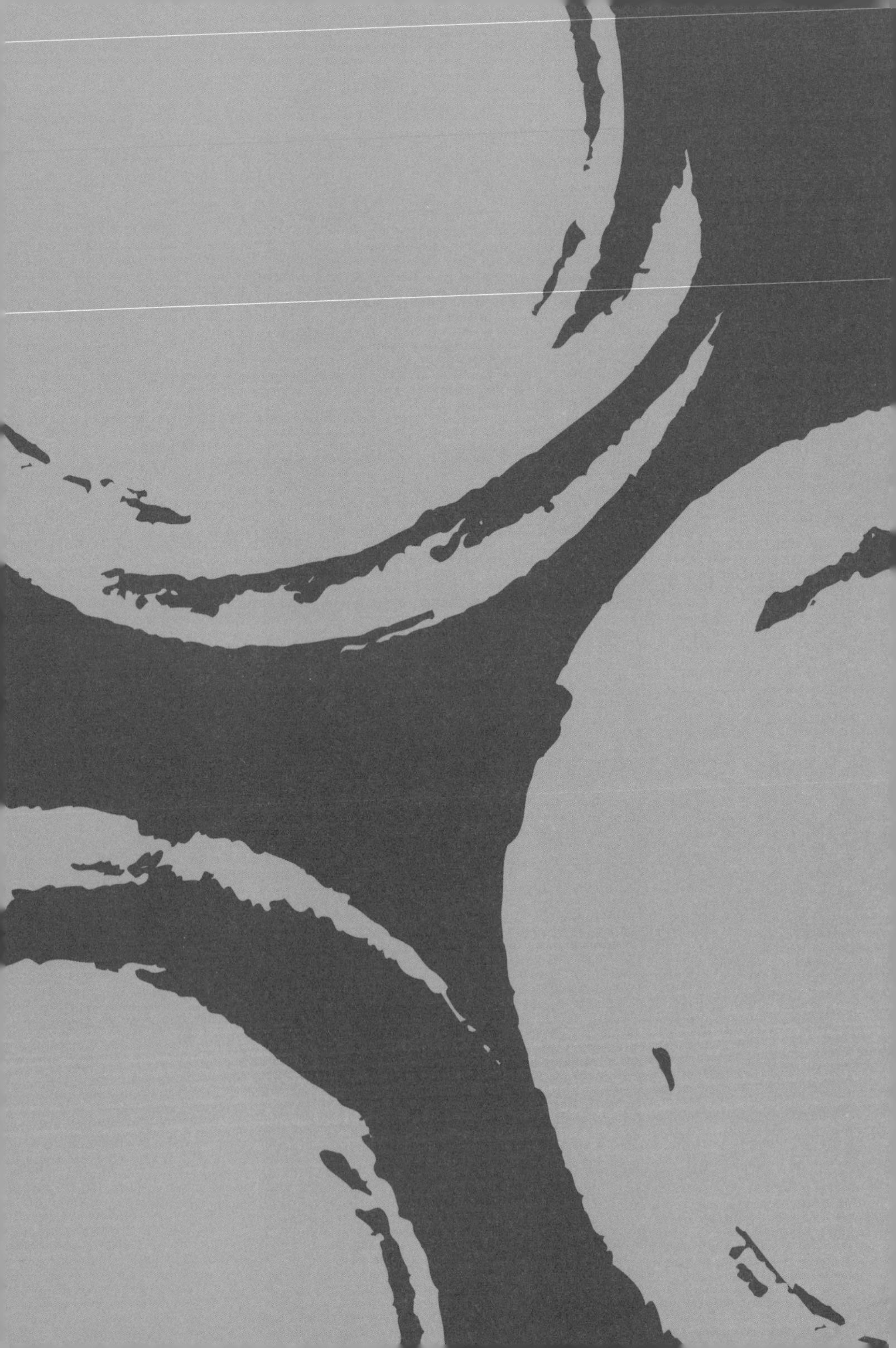

古波斯詩人薩迪曾說：「理性一旦被感情掌握，就如同一個軟弱的人落在潑婦的手中。」

的確，當心情支配一切的時候，理智就會受到綁架，最後只能無奈地受命運的宰割和擺佈。

成功的人，懂得控制自己的情緒；失敗的人，則容易受到心情左右，不懂得管理自己的情緒。如果你想成為優秀的人，首先就要戰勝自己的情緒，不要讓情緒操控自己。

詩人紀伯倫曾說：「你過得是否幸福，並不是以什麼事發生在你身上來做決定，而在於你用什麼態度看待這些事情。」

凡事要三思而行，千萬不能感情用事。做人做事最糟糕的狀況，莫過於任由情緒做決定，因為，原本可以輕易解決的簡單事情，往往會在滲入負面情緒後變得棘手複雜。

普天出版社 Popular Press

ISBN 978-986-389-730-9

00380

定價/台幣380元